¡YO TAMBIÉN, ESPÍRITU SANTO!

SOBRE EL AUTOR

Oriundo de la República Dominicana, el Pastor Orlando fue introducido al fuego de Pentecostés desde temprana edad por su abuela Esperanza López, uno de los Pastores más poderosos e influyentes en la historia Pentecostal Dominicana del siglo XX. Desde temprana edad, sin embargo, fue amenazado por constantes ataques de poderes demoniacos que lo querían destruir, hasta que, en 1994, un encuentro sobrenatural con las tres personas de Dios lo cambió todo.

Hoy, el Pastor Orlando es dos veces graduado de la Universidad de Oral Roberts, es ministro ordenado, y es un maestro de la Palabra de Dios que ha viajado a naciones de cuatro continentes sirviendo al Señor junto a reconocidos ministerios. Durante su carrera profesional, el Pastor Orlando fue clave en la movilización de millones de almas que escucharon el evangelio de Cristo y experimentaron su poder salvador, sanador, y libertador.

El Pastor Orlando y su esposa Mireya son los fundadores de eGlesia Incorporada y del Programa de Equipamiento Ministerial para la Iglesia Local en conjunto con el Instituto Bíblico de la Universidad de Oral Roberts.

El ministerio del Pastor Orlando a nivel nacional e internacional, es una impartición, con señales y prodigios, de la enseñanza de La Palabra de Dios y de equipamiento ministerial a través de la iglesia local.

DEDICATORIA

A las tres personas que al encontrarme en la historia de este libro cambiaron mi vida para siempre. El Padre, el Hijo y el Espíritu Santo.

A mi Abuela, la Pastora Esperanza López. Sus oraciones y herencia espiritual han sostenido mi vida hasta hoy.

A Mireya, mi bella y ungida esposa, a mis hijos Yaheli Esperanza, Eunice Jochebed y Alef Johannes, quienes me han hecho ¡El Hombre, Esposo y Padre más feliz del universo! Por ellos respiro.

AGRADECIMIENTOS

Este libro no sería posible sin el suplir de quienes a través del tiempo me han inspirado a escribirlo. Estoy muy agradecido de Dios por sus vidas, y especialmente por las personas que directamente han influenciado el texto a través de consultas y en diversas maneras:

Pra. Ana Luz Rodríguez
George Patriarca & su equipo
Elda Ramírez Moreno
Landa Morgan
Loren Acevedo
Pra. Mireya Ramírez de Terrero
Pra. Nancy de José
Tasha Callahan

¡Pero recibiréis Poder,
cuando haya venido sobre
vosotros el Espíritu Santo,
y me seréis testigos…!

(Hch. 1:8)

ÍNDICE

Orlando E. Terrero.
www. pastororlando. org
pastororlando@pastororlando. org

CAPÍTULO UNO

UN FRÍO INVIERNO EN GRAND RAPIDS

Golpeado Por Sus Olas

¡Tan pronto como me acerqué a la salida, la puerta se abrió automáticamente y sentí que hasta mi aliento se congelaba! Había viajado a la tierra de los grandes lagos en el mes más frío de aquel invierno, vistiendo una camisa de mangas cortas y de tela casi transparente.

Llegué a Detroit, Michigan, el 29 de enero de 1994. Me perdí en el aeropuerto y el único inglés a mi alcance estaba escrito en un pedazo de papel, en la nota que mi hermana Noemí me había entregado al despedirnos en San Juan, Puerto Rico: "*Where is the bathroom*?" (¿Dónde está en baño?)

Durante las dos horas de camino a la ciudad de Grand Rapids, el contraste de la noche oscura con la nieve a los lados de la iluminada autopista, acentuaba una belleza que nunca había visto. Excepto por las interrupciones del sonido del motor del rojo y viejo Chevrolet de mi hermano Ben, pude percibir un cambio en la atmósfera, pero no tenía la menor idea de lo que estaba a punto de acontecerme.

Fue mi primer viaje a los Estados Unidos, la primera vez que toqué la nieve con mis manos, y todo iba de maravilla. Disfrutaba del desayuno americano, jugaba en la nieve, recorría la ciudad con mi hermano Ben, en su ¡viejo y rojo Chevrolet! Y terminaba el día viendo programas de la televisión americana, fluctuando de canal en canal hasta la madrugada. ¡Entonces sucedió!

Era viernes alrededor de la media noche, mientras me encontraba navegando entre los canales de televisión, cuando de pronto, fui arrestado por las imágenes de un programa que jamás había visto. En el mismo se mostraban escenas de un estadio donde una multitud de personas se había congregado para un servicio cristiano. Cientos de personas levantaban sus manos en adoración, muchas con lágrimas en los rostros, mientras un extraño predicador vestido de blanco se movía en la plataforma dramáticamente y al compás de la melodía de música y de voces corales. Cuando oraba, las personas se desplomaban en el suelo bajo el poder de Dios, mientras que otros testificaban que habían recibido un milagro.

Había estado en campañas evangelizadoras antes, pero por alguna razón quedé tan estático ante las dramáticas escenas del programa, que mis dedos no podían moverse, simplemente ¡no podía cambiar de canal! Fue entonces cuando el predicador vestido de blanco se acercó a una de las cámaras de televisión, extendió su mano derecha hacia el lente y comenzó a orar por los que mirábamos el programa desde los hogares.

Cuando lo hizo, sentí como si olas de agua comenzaran a ser lanzadas sobre mí desde el televisor. Una ola tras otra descendía sobre mí con tal fuerza que era empujado hacia atrás con cada impacto. Mi piel se erizaba al sentir aquellas olas eléctricas correr mi cuerpo.

Cuando el predicador terminó de orar, un temor me invadió y, entonces, comencé a reaccionar ante tan sorprendente momento. Apagué el televisor con las manos temblorosas y me apresuré a acostarme cubriéndome con una manta de la cabeza a los pies. Estaba tan asustado por los temblores de mi cuerpo que por un momento pensé que podía morir.

¡Yo También Espíritu Santo!

La luz del sol comenzó a penetrar por la ventana que daba al emblanquecido balcón del apartamento de mi hermano Ben. Desperté todavía bajo el impacto de la inexplicable experiencia. Sentía que las olas aún corrían por mi cuerpo y temblaba incontrolablemente. Toqué mi rostro y sentí que algo había cambiado. Corrí al espejo para verme. Todo se veía normal, pero yo sentía como si mi cuerpo se hubiera rendido a otro estado. No sabía lo que me estaba ocurriendo, pero la respuesta no se haría esperar.

Desde que llegué a Grand Rapids, mi hermano Ben me llevó a la iglesia hispana de la calle Griggs, donde los Pastores Miguel e Irma Toro me recibieron con amor y con favor, permitiéndome ser líder de la alabanza y parte de la sociedad de jóvenes. Unos días después de la experiencia de las olas, me ofrecieron hospedarme, así que acepté mudarme del apartamento de mi hermano.

Vivir con los pastores facilitaría mi asistencia a los servicios semanales en la iglesia y, eventualmente, a clases de inglés, en la, entonces, Escuela para Adultos de Wyoming. El siguiente martes al concluir el servicio de adoración la respuesta que necesitaba, finalmente llegó.

-*El Señor me dijo que te diera este libro para que lo leas.* —Escuché detrás de mí.

Di la vuelta y frente a mí estaba la hermana Alfida Soto, sosteniendo en sus manos un libro de colores amarillo y verde con el título: "*Buenos Días Espíritu Santo.*"

Nunca lo había visto y, honestamente, el gesto de la hermana Alfida me pareció extraño. Tomé el libro en mis manos y reconocí el nombre de su autor, era el del predicador vestido de blanco que ministraba en la televisión la noche en la que me impactaron las olas sobrenaturales. Mi corazón comenzó a palpitar rápidamente, casi no podía contenerme. Logré, sin embargo, disimular dando las gracias a la hermana Alfida quien no sabía lo que me había acontecido días antes.

Los siguientes minutos de esa noche me parecieron eternos. No podía esperar a llegar a mi habitación en el sótano organizado de la casa de los pastores. Sabía que al leer el libro mis preguntas serían contestadas. Finalmente salimos de la iglesia y, tan pronto como llegué a mi cuarto, al leer las primeras páginas hice el descubrimiento que lo cambió todo.

Había cumplido 23 años de edad, era cristiano y había recibido la doctrina Pentecostal en una de las iglesias más poderosas de mi país, sin embargo, me imaginaba la tercera persona de La Trinidad como la pequeña paloma volando sobre los hombros de Jesús. Cuando descubrí que el Espíritu Santo es una persona real, me puse de rodillas y con lágrimas de anhelo exclamé desde lo más profundo de mi alma:

-*Espíritu Santo, si en verdad Tú eres una persona, ¡Yo quiero conocerte!*

Al instante un viento fresco y tangible comenzó a soplar sobre mí, era tan real que podía sentirlo en aquella habitación fría. Sabía que era sobrenatural porque la habitación no tenía ventanas dispuestas y el conducto de aire más cercano estaba fuera de ella. El Espíritu Santo había escuchado mi voz y había llegado cuando invité a su persona.

En un instante toda la habitación fue llena de su presencia y el gran muro que todavía atrapaba mi progreso espiritual comenzó a derrumbarse. Nunca había adorado, orado y llorado ante Dios como lo hice esa noche.

Entonces comencé a comprender las cosas, lo que Dios trató conmigo en República Dominicana, lo que había hecho conmigo en Puerto Rico, el cambio de atmósfera al llegar a Michigan y las olas espirituales que me habían impactado aquel viernes en el apartamento de mi hermano Ben. Dios me estaba guiando a un encuentro personal, sobrenatural con Él.

A la mañana siguiente al despertar, el Espíritu Santo estaba esperando por mí. Al percibir Su presencia, como si lo hubiese hecho antes, mis labios se abrieron y simplemente dije:

-*¡Buenos Días! ¡Yo también, Espíritu Santo!*

Un impulso inmediato me llevó a postrarme en adoración, y aunque antes no había podido permanecer más de una hora de rodillas sin ser oprimido por demonios, ese primer día con el Espíritu Santo pasé ocho horas dinámicas en adoración, en oración y en meditación de La Palabra de Dios. Su presencia lo inundaba todo, y no podía contener las alabanzas al Señor. Fue adoración, oración y éxtasis espiritual a niveles nunca experimentados. El Espíritu Santo es el Espíritu de la verdadera adoración tal como el Señor Jesús nos dice en Juan 4: 23-24:

"...los verdaderos adoradores adorarán al Padre en espíritu y en verdad; porque también el Padre tales adoradores busca que le adoren. Dios es Espíritu; y los que le adoran, en espíritu y en verdad es necesario que le adoren."

Durante los siguientes tres meses mi vida fue literalmente alterada. En la noche no podía esperar a entrar de nuevo al sótano para leer más sobre el Espíritu Santo, para experimentar la frescura de su presencia. Cada día al despertarme, al percibir su persona, lo saludaba y me postraba en adoración a Dios. Cuando me acostaba lo hacía con la Biblia a mi lado, todavía sintiendo el viento que soplaba sobre mi cuerpo, para otra vez despertarme arropado por su gloria.

El Espíritu Santo me llevó a las lecturas de la Biblia más extensas y dinámicas que jamás había tenido, especialmente a los Evangelios y al libro de los Hechos. Además, a una experiencia bíblica con Jesús y con su obra en los Apóstoles y en la iglesia primitiva.

Todos los días, el Espíritu Santo me enseñó sobre Jesús y me guió a conocer la voluntad de Dios para mi vida. Como dice el Apóstol Pablo:
"no hemos recibido el espíritu del mundo, sino el Espíritu que proviene de Dios, para que sepamos lo que Dios nos ha concedido" (1Co. 2: 12).

De repente el Espíritu Santo entró en mi habitación al invitarlo aquella noche fría de Grand Rapids, cuando un viento sobrenatural y apacible llenó el lugar, y por los próximos meses fui sobrecogido por una experiencia que lo cambió todo.

-¡Ahora le sucederá a Usted!

La persona del Espíritu Santo se revelará en su vida mientras está leyendo este libro, cuando lea la palabra de Dios, cuando esté orando, cuando esté en la iglesia, al meditar en Dios en su trabajo o en su habitación. ¡Ahora mismo! Conocerá su voz, experimentará su viento, discernirá su presencia y será guiado por Él. Entonces, al igual que yo, al despertar cada mañana con el sonar del bramido de su voz, Usted dirá:

- *¡Yo También, Espíritu Santo!*

CAPÍTULO DOS
ÁNGELES VS. DEMONIOS

¡Poder de Dios!

Inmediatamente, la venida del Espíritu Santo abrió mis ojos espirituales al mundo invisible, y comencé a ver ángeles, a escucharlos adorar a Dios con las melodías más hermosas y a tener experiencias regulares con Jesús. El viento que soplaba en la habitación cada vez que oraba con el Espíritu Santo era tan real que al finalizar el día me acostaba con el rostro hacia arriba para sentir su gentil brisa.

Una noche mientras disfrutaba como se movía sobre la faz de mi cuerpo, vi en el espíritu al Señor, quien sin hablar se acercó a mí y ungió mi frente con un aceite que salía de su mano. Al hacerlo, sentí como si una puerta hubiera sido abierta en mi alma y, de repente, aquel viento sobrenatural entró en mí. Ya no soplaba más en la habitación, ahora lo sentía en mi ser.

Fuera de mi habitación, tenía comunión constante con el Espíritu Santo, hablando con Él y Él conmigo acerca de Cristo y de su palabra; en el autobús, en la escuela, hasta en el restaurante. Las personas a quienes les compartía lo que me estaba ocurriendo comenzaron a tener experiencias sobrenaturales y las manifestaciones del poder del Espíritu Santo no se hacían esperar. Había perdido el apetito por las cosas de este mundo, por el entretenimiento americano que tanto me gustaba, sólo quería estar con el Espíritu Santo.

Recuerdo una tarde al terminar de orar, cuando quedé en total silencio y me di cuenta de que era uno de esos momentos en la presencia de Dios, cuando las palabras son innecesarias. Si decía algo, si hacía un movimiento, podía dañarlo todo. La unción era tan espesa que podía sentir como me empujaba hacia el suelo. De pronto comencé a sentirme sucio y pecaminoso. Miraba dentro de mi alma y todo era oscuridad, espesa y pecaminosa oscuridad. Sólo quería gritar:
-¡Ay de mí! (Is. 6: 5).

De repente, un estruendo que parecía provenir del techo de la habitación, interrumpió aquel momento con un fuerte sonido que me hizo temblar y levantar la cabeza. Cuando abrí los ojos, entré en una visión abierta y escuché una estrepitosa voz que gritó:
-¡*Poder de Dios!*

En ese momento el Espíritu Santo descendió sobre mí de manera corpórea con tal ímpetu que sentí como se ancló en mi cuero cabelludo mientras vertiginosas corrientes eléctricas recorrían mi piel. El cielo se había abierto y por primera vez estaba recibiendo el bautismo con poder del Espíritu Santo (Jn. 1: 33; Hch. 1: 8). Pero lo que ocurriría a continuación transcendería todo lo que había experimentado hasta ese momento, tres años después de haberme convertido a Cristo en mi país de origen, en la República Dominicana.

Tumulto en el Paraíso

La República Dominicana nació el 27 de febrero de 1844. Un bello país con un pueblo maravilloso, sin embargo, lleno de grandes desafíos a través de su historia. Uno de los más críticos fue la dictadura del General Rafael Leónidas Trujillo después de haber concluido la primera ocupación de los Estados Unidos sobre territorio dominicano entre 1916 y 1924.

Trujillo rigió la nación con mano de hierro por 30 años (1930-1961) y afectó generaciones de familias dominicanas, entre las cuales se encontraba la mía. Tras su ajusticiamiento violento en mayo de 1961, el país atravesó por las convulsiones de su muerte, por los tumultos de las primeras elecciones libres en más de tres décadas (1962-1963) y por una revolución que incluyó otra intervención militar de tropas estadounidenses (1963-1965).

Fue durante ese tiempo que mis padres se conocieron y se casaron. Mi padre, el hoy Pastor, Eduardo

Terrero López, se ganaba la vida trabajando en una fábrica de medias. Mi madre, una señora muy ungida y espiritual de nombre Brígida Franco Fernández, era ama de casa.

Yo nací el sábado 5 de diciembre de 1970 en la bella ciudad de Santo Domingo, fui el tercero de cuatro hijos, y al igual que en la pasada década, la fecha de mi nacimiento coincidió con el inicio de otra época turbulenta para los dominicanos. El inicio de los doce años de gobierno del Dr. Joaquín Balaguer, quien había sido parte del régimen de Trujillo y quien se convertiría en una de las figuras políticas más polarizadoras de la historia dominicana.

El país luchaba por unirse al mundo de la democracia en medio de fuertes tensiones, de violencia, de luto masivo y de incalculable pérdida en la estructura familiar. Eventualmente, los males de la época también se harían presentes en el hogar de mis padres, por lo que solamente un encuentro personal con el Espíritu Santo podría sanarme de los traumas de mi niñez en mi vida como adulto.

Como si fuera poco, antes de convertirse al Señor Jesucristo, mis dos líneas familiares eran devotas servidoras de la brujería. Hilda, mi abuela materna tenía un altar a los demonios en su casa y era poseída a tal punto que su voz se transformaba en la voz de un hombre. El típico caso de muchas mujeres de su generación que buscaban en la brujería el alivio al abuso, al dolor, a la pobreza y a las presiones de la época.

Todavía recuerdo cuando viajábamos a Loma de Cabrera, la ciudad fronteriza con Haití, donde junto al río Artibonito la familia practicaba la santería. Allí mis familiares se vestían de blanco, fumaban cigarros y eran "montados" por demonios, sin darse cuenta de que yo comenzaba a ser el recipiente de las mismas influencias satánicas.

Mi abuela Esperanza, la madre de mi padre, también sirvió a los demonios, hasta que se convirtió a Cristo y recibió el llamado al ministerio pastoral. Su conversión sería la primera luz al final del traumático túnel en mi vida, y como su nombre, la esperanza que necesitaba.

Luz de la Esperanza

Hija de padres puertorriqueños que habían emigrado al país dominicano, cuando Dios llamó a Esperanza López Sandoval a ser una mujer Pastor, ella no quiso aceptar el llamado y fue herida de Tuberculosis. Su milagrosa sanidad de la, entonces incurable enfermedad, ocurrió tan pronto como respondió.

Su ministerio de más de medio siglo inició en un pequeño garaje y fue apoyado por un grupo de hombres enamorados de Cristo y de su obra salvadora, quienes junto a ella llevaron multitudes a Cristo y a la obra del ministerio pastoral en iglesias dentro y fuera del país.

Se dice que una noche mientras mi abuela predicaba sobre el poder de Dios ¡la tierra literalmente comenzó a temblar! La Pastora Esperanza López dejó en su legado el ejemplo de espiritualidad profunda, de consagración verdadera, de comandante liderazgo y del poder del Espíritu Santo que la iglesia en general necesita.

Fue una mujer de carácter y de integridad intachables que hasta el presente testifica el poderoso llamado del Señor sobre la mujer, aunque muchos hombres de su generación, erróneamente quisieron plantear lo contrario. Fue en su hogar y bajo su poderosa cobertura espiritual donde Dios haría una obra especial en mí. Cuando llegué a su casa a los 6 años de edad estaba afectado por poderes demoniacos y lleno de un sentir de rechazo. Antes de cumplir los 10 años quería suicidarme y a los 18 mis riñones no funcionaban. Gracias a Dios, mi abuela Esperanza me llevó a la iglesia los siete días de la semana, ¡dos veces los domingos!

Vivir con ella imprimió a mi existencia un dinamismo espiritual espectacular. Regularmente me despertaba a las tres de la mañana con el sonar de sus poderosas oraciones. Iniciaba su vida ministerial a las seis de la mañana con la oración congregacional en su iglesia de la calle Yolanda Guzmán # 240, y cuando se reunían para adorar en la casa, me levantaba escuchando las oraciones de las hermanas de la iglesia que, arrodilladas en la sala, empañaban el suelo con el aliento de sus plegarias.

Todos los días a las seis de la tarde, la pastora Esperanza interrumpía mis quehaceres callejeros para dirigirnos a la entonces Iglesia Misionera Asamblea Cristiana, hoy conocida como Iglesia Luz de la Esperanza en honor a su nombre. Y cuando tomaba el púlpito para predicar el domingo en la noche, la unción era impresionante. Al levantar sus manos guiaba a la congregación en adoración y luego predicaba los mensajes más poderosos que he escuchado.

Cada vez que entonaba Isaías 25: 1, "*Jehová, tú eres mi Dios, alabaré y exaltaré tu nombre, porque has hecho maravillas, alabaré y exaltaré tu nombre,*" la nube del Espíritu Santo descendía. Aunque debo admitir que de niño me dormía durante algunos de los servicios semanales, y que de vez en cuando tiraba dardos de papel a los hermanos que se dormían, la unción de mi abuela Esperanza me estaba influenciando y en muchas ocasiones la podía sentir. Gracias a ella disfruté algunas partes de mi niñez y de mi juventud, aunque en la privacidad de mi habitación pasaban cosas de las que no hablaba.

Los demonios no querían rendir el control y cuando fui introducido a la música "Heavy metal" de la década de los ochenta, la opresión se intensificó. Llegué a conocer los días exactos en los que los demonios venían a mi cama para acosarme, y cuando no podían aniquilarme con accidentes, provocaban diversas opresiones en mi contra.

Estaba en medio de una poderosa guerra espiritual, pero pronto llegaría el momento de tomar una decisión seria sobre mi relación con Cristo.

TRES PERSONAS EN EL SÓTANO

¡La Hora Cero!

En 1986 cumplí los 16 años de edad y me inicié como vendedor en Plaza Lama, la famosa tienda por departamentos de la avenida Duarte en la ciudad de Santo Domingo. Para mi propio mal me aparté de la iglesia y la pastora Esperanza, estricta al respecto de no permitir el mundo en su hogar, me exilió a vivir con mi abuela materna, sin embargo, nunca dejó de orar por mí y de confrontarme con el evangelio. Ismael Hernández mi mejor amigo de la iglesia, también me predicaba y en cada ocasión posible me recordaba que mi asiento en la iglesia estaba reservado.

Finalmente, en marzo de 1991 acepté la invitación a un servicio especial de jóvenes, pero recuerdo que esa noche me quedé en la puerta para evitar que los "hermanitos" viniesen a "convertirme." Cuando Junior Acevedo, el joven orador de la noche, predicó un muy ungido mensaje titulado *"La hora cero,"* fui lleno de convicción de pecado.

Durante el llamado a la conversión mis piernas comenzaron a temblar, entonces me di cuenta de que había llegado la hora de tomar la decisión más importante de mi vida.

-*Ismael, acompáñame al altar.* –Le pedí a mi amigo, quien siempre estuvo conmigo.

Segundos después me encontré de rodillas aceptando a Cristo como mi salvador, y esa noche, vestido de "roquero" y con el pelo largo y desordenado, Cristo entró en mi corazón y mi abuela Esperanza me volvió a recibir en su hogar. No obstante, los demonios que me perseguían no se darían por vencidos.

La misma noche de mi conversión un demonio enojado fue a visitarme, y la guerra por mi alma se intensificó tanto que llegué a ver a mi ángel de protección luchando contra un demonio que intentaba destruirme. Es un ángel guerrero tan alto que mi estatura completa es menor que la longitud de una de sus piernas. Tiene la piel bronceada y está vestido como soldado romano con una espada desenvainada.

La Pregunta de Jesús

Una tarde mientras descansaba en mi cuarto, me sentí atraído a ponerme de rodillas, era como si una fuerza sobrenatural me guiara a cooperar en hacerlo. Cuando me arrodillé la primera palabra que pronuncié fue:
-*Jesús.*

Tan pronto como lo hice, escuché su voz gentil:
-¿*Qué del Espíritu Santo*?

El Señor me había visitado antes, pero siempre de forma silenciosa. Una vez entró en mi cuarto y lo sentí tocar una hernia que tenía en mi muslo derecho, sentí la hernia desaparecer, y aunque esa vez no pude verlo, supe que era él quien me hacía la pregunta:
-¿*Qué del Espíritu Santo*?

No sabía qué responder porque en mi intelecto no registraba la personalidad del Espíritu Santo, así que me levanté y volví nuevamente a la cama. Otra vez me sentí atraído a caer de rodillas y al hacerlo comencé a ver una luz que descendía hacia mí desde el lado derecho de la cama, cuando cubrió la mitad de mi rostro, sentí su calor y comencé a ver hacia adentro de la luz. En ella había un pasillo iluminado, brillante como el sol, y al final del pasillo una pared incandescente. De pronto, una voz que nunca había escuchado comenzó a hablarme en un lenguaje desconocido.

Escuchaba la voz varonil que me hablaba desde la luz, pero no entendía lo que me decía. Para mi sorpresa, también yo comencé a hablar con aquella voz en un lenguaje que escuchaba, pero que no podía entender. Cuando la voz detrás de la luz pausaba, yo contestaba, y cuando yo pausaba, ¡la voz me hablaba! El Apóstol Pablo dice que Dios "*habita en luz inaccesible; a quien ninguno de los hombres ha visto ni puede ver, al cual sea la honra y el imperio sempiterno, Amén*" (1 Ti. 6: 16).

Hasta hoy, sin embargo, sólo puedo especular sobre lo que la voz habló conmigo, no obstante, la escucharía de nuevo en Grand Rapids, el mismo día en que el Espíritu Santo descendió sobre mí de manera corporal.

Tres Personas en el Sótano

El estruendo que provenía del techo me hizo temblar, y al levantar la cabeza para mirar quedé completamente fijo en la visión abierta y en el sonido de la estruendosa voz que gritó:
-*¡Poder de Dios!*

Entonces, el Espíritu Santo descendió sobre mí de manera corporal, y fue cuando la misma voz fuerte y varonil que me habló en un lenguaje desconocido aquella tarde en la República Dominicana, de repente irrumpió nuevamente en la habitación. Cuando escuché lo que me dijo, me di cuenta de que otro momento especial para mi vida había llegado:

-¡Orlando, tú eres mi hijo, te amo!

Dios, el Padre Celestial, me estaba hablando. Fue su voz la que me había hablado tres años antes, pero ahora podía entenderla. La venida del Espíritu Santo hizo posible un verdadero encuentro con el Padre Celestial, escuchar y entender Su voz, y al decir mi primer nombre tal como está escrito en mi acta de nacimiento, al escucharlo decir que soy su hijo, al decirme "*Te amo,*" el Padre se dirigió a la raíz de mis dolores más profundos, a la falta de paternidad y de la identidad robada por los traumas de mi niñez, por las fuerzas demoniacas que habían controlado los vacíos de mi alma.

Como en la experiencia de Jesús en el Jordán, de repente el cielo se había abierto sobre mí y el Espíritu Santo había descendido con su bautismo de poder. Entonces, el Padre celestial irrumpió en aquel sótano frío para afirmarme como su hijo, para comenzar a sanar mi maltratado interior con su poderoso amor. ¡Pero eso no fue todo lo que me aconteció esa maravillosa tarde! También vi al Señor Jesús entrar en la habitación, vestido de blanco, y con presencia sublime, pararse al pie de la cama.

Había invitado al Espíritu Santo a revelarse en mi vida y, de pronto, estaba teniendo un encuentro con las tres personas de La Trinidad en aquel sótano. Mirándome fijamente, el Señor me dijo las palabras que de una vez por todas escribieron mi destino terrenal en lo más profundo de mi corazón:

-¡Predica mi palabra!

Desde Grand Rapids a las Naciones

Tan pronto como terminó de llamarme al ministerio, el Señor desapareció de mi vista y, literalmente, sentí cómo toda aquella gloria que había llenado mi cuarto los pasados meses, se desvanecía. Sentí cómo cuando se apagan las luces de un auditorio al finalizar un gran evento. De repente no había visión, no sentía ningún viento, no había nada más que silencio. Preocupado por el repentino cambio de atmósfera me dispuse a orar otra vez y el Espíritu Santo me interrumpió con voz comandante:
-¡Deja de orar y vete a predicar!

Inmediatamente salí caminando por la calle Cass hasta la avenida Division, en dirección al centro de Grand Rapids. En mis manos sostenía la gigantesca Biblia Thompson, la cual estaba marcada en cada escritura que había leído desde que el Espíritu Santo comenzó a revelarse a mi vida.
-Jesus loves you. —Decía a todo el que pasaba por mi lado.

Entonces el Espíritu Santo me dijo:
-Cruza la calle y predícale a ese hombre.

En cuanto miré hacia el otro lado de la calle y vi a aquel robusto hombre de unos seis pies de altura sin camisa y con pantalones cortos, ¡salí corriendo en dirección opuesta! En los siguientes minutos aprendería mi primera lección en la escuela de evangelización del Espíritu Santo: "S*iempre ir donde el Espíritu envía; nunca ir donde el Espíritu no envía.*"

Avergonzado de no haberle obedecido, comencé a buscar a otra persona a quien hablarle, así que me acerqué a un bar de motociclistas morenos. Esa vez escuché la poderosa y clara voz del Espíritu Santo decirme:
-*¡No vayas a predicar ahí!*

No obedecí su voz y tan pronto como uno de los hombres del bar vio la Biblia en mi mano, salió a mi encuentro gritando en alta voz:
-*¡No queremos saber nada sobre tu Dios!*

Entonces, me tomó por el cuello de la camisa, me volteó súbita y bruscamente y me lanzó hacia la calle con una patada. Lloraba durante el camino a casa, pero el Espíritu Santo me lo había advertido. Cuando llegué a mi cuarto sólo encontré solitud para terminar de sollozar.

El frío de aquel poderoso invierno se fue, y así llegó a su fin la visitación sobrenatural de los pasados meses. Dios me había llevado a mi Jordán, en Grand Rapids. Al poderoso empoderamiento del Espíritu Santo, a un encuentro con el Padre Celestial que inició el proceso de sanidad de mi interior y el llamado del Señor al ministerio. Mas no me permitiría edificar mi vida en esa sola experiencia. Así como lo hizo con el Señor después de su bautismo sobrenatural, cuando también fue afirmado por el

Padre, ahora el Espíritu Santo me llevaría a otros lugares (Lc. 4: 1; Ro. 8: 14; 2Co. 3: 18).

Dos décadas y cuatro continentes después, el Espíritu Santo no ha cambiado. Él está en todo mi día, en comunión y en intimidad que no cesan. Su fuego siempre está ardiendo en mí y nunca estoy inconsciente de Su presencia, no importa lo que pase.

Las tres personas de La Trinidad, Padre, Hijo y Espíritu Santo, han venido a mí, viven en mí, nunca me han dejado y ahora quiero compartirlas con usted.

CAPÍTULO CUATRO

UNA HISTORIA DEL ESPÍRITU SANTO

¿Qué del Espíritu Santo?

El Señor me sorprendió al hacerme esta pregunta aquella tarde soleada en la República Dominicana, pregunta a la que simplemente no supe qué contestar.

Estaba acostado en mi cama y de repente comencé a sentirme compungido e impulsado a estar de rodillas. Tan pronto como me dispuse, su nombre salió de mis labios como si alguien ya lo hubiera puesto en mi aliento:
–*¡Jesús!* –Entonces escuché su voz decirme,
–*¿Qué del Espíritu Santo?*

Desde que acepté a Cristo como mi salvador. Me había enfocado en buscar la evidencia de hablar en lenguas, no en una persona o en una relación personal con el Espíritu de Dios. Así que aún me imaginaba al Espíritu como me lo habían mostrado en las ilustraciones de la escuela bíblica dominical. Como una paloma blanca volando sobre los hombros de Cristo.

Esa tarde, por lo tanto, el Señor no estaba buscando una respuesta. ¡Me había dado la respuesta que yo necesitaba para la vida cristiana victoriosa que me faltaba! Una relación con la persona del Espíritu Santo, el eslabón perdido en mi vida cristiana y en la vida de muchos cristianos hoy en día. El Señor me estaba guiando al Espíritu Santo, al revelador de Dios en todas sus personas, y de todo lo que Dios tiene para sus hijos (1Co. 2: 12).

Él es el Dios Uno, Dios Trino

-*¡Dios, Patria y Libertad!* −Exclamó el rebelde Francisco del Rosario Sánchez al escuchar el sonido del legendario "trabucazo" dominicano de Matías Ramón Mella. Era la noche del 27 de febrero de 1844 cuando la nueva bandera fue izada, en su centro grabada una Biblia abierta en los Evangelios. La República Dominicana había nacido como nación libre e independiente. Sólo unos meses después fue dada la primera constitución dominicana escrita con las siguientes líneas introductorias:
"En el Nombre del Dios Uno y Trino, Autor y Supremo Legislador del Universo."

Hay tantas líneas que se han escrito sobre el Espíritu Santo a través de la historia, es tanto lo que continuará diciéndose sobre su persona y sobre su influencia. Cada encuentro con Él revela más de Dios, liberta de la opresión del pecado e inicia una nueva historia llena de frescura y de vida. Cada visitación del Espíritu Santo emprende una nueva generación llena de su poder. Porque Él ha venido a la historia humana y a la iglesia para siempre. Él ha venido para revelar a Dios en toda su plenitud a todo el que lo recibe, lo anhela y lo invita.

Hay tanto que yo puedo decir que no bastará este volumen, y estoy seguro de que, a partir de un encuentro personal con el Espíritu Santo, usted también tendrá volúmenes de vivos e transformadores testimonios que compartir. Yo no esperaba tal manifestación cuando lo invité a mi vida aquella noche, mucho menos un encuentro con las tres personas de La Santísima Trinidad, uno de los aspectos más distintivos de mi encuentro con Dios durante aquel invierno de 1994.

¡Nunca en mi vida lo hubiese imaginado! Pero ahora lo entiendo. Él es quien hace realidad todo encuentro con la deidad. Él es el Espíritu de La Trinidad, porque en Él se revela Dios Uno y Trino. Dios Uno, Dios Padre, Hijo y Espíritu Santo. No hay tres dioses o tres modos de Dios. No hay tres personalidades de Dios como algunos enseñan. Hay un solo Dios, que en función y en relación, es tres personas distintas. Tres personas que pueden ser conocidas distintivamente.

Cada persona de la Trinidad está igualmente envuelta en la salvación, en la experiencia cristiana, en la obra del ministerio y en todo el plan divino para cada hijo de Dios. Al llegar el Hijo a la vida del creyente, por consecuencia, llega el Espíritu Santo y también llega el Padre: "*El que me ama, mi palabra guardará; y mi Padre le amará, y vendremos a él, y haremos morada con él*" (Jn. 14: 23).

La morada de Dios dentro del ser que ha recibido a Cristo es completa y este es un misterio también revelado por el Espíritu Santo: Cristo está a la diestra del Padre (Ro. 8: 34), el Espíritu está en nosotros (1Co. 6: 19), por lo tanto, las tres personas de La Trinidad moran en nosotros (Jn. 14: 17, 23).

Dios está con nosotros en el mundo (Mt. 1: 23; Jn. 17: 15), pero también nosotros estamos con Dios en los lugares celestiales (Jn. 14: 3; Ef. 2: 6). Dios es siempre uno, Dios es siempre trino, nunca está separado de sí, pero es siempre distintivo. Cuando recibimos una persona de La Trinidad, recibimos a todas las personas de la deidad. Siempre están presentes, siempre están unidas. Podemos distinguirlas, pero nunca podremos separarlas. Tal como lo expresó el Obispo Gregorio de Nisa en el siglo IV de la era cristiana (el hermano menor de Basilio Magno y uno de los notables defensores de la doctrina de la Trinidad contra la herejía del arrianismo):

"*Nunca podemos pensar en el Padre separado del Hijo, ni tampoco buscar al hijo separado del Espíritu Santo. Así como es imposible llegar al Padre, a menos que nuestros pensamientos estén allí. . . a través del Hijo. . . es imposible decir que Jesús es Señor, sino por el Espíritu Santo. Por lo tanto, Padre, Hijo y Espíritu Santo, han de ser conocidos sólo en una trinidad perfecta, en consecuencia, cercana y en unión uno del otro, antes de toda creación, antes de todas las edades, antes de todo de lo que podemos formar una idea. El Padre es siempre Padre, y en él el Hijo, y con el Hijo el Espíritu Santo."*

Sé que La Trinidad de Dios llegó a mi habitación cuando el Espíritu Santo descendió sobre mi vida. Cada día me llevó al conocimiento de Cristo y escuché la voz del Padre diciéndome:

-¡Orlando, tú eres mi hijo, te amo!

El Espíritu Santo vino a mi vida y el Padre celestial cumplió su promesa: *"Vosotros que no sois pueblo mío, les será dicho: Sois hijos del Dios viviente"* (Os. 1: 10).

Dios Espíritu, Todo Dios

¡El Espíritu Santo es Dios en toda su plenitud! Él es Dios omnipresente porque el salmista dice: *¿A dónde me iré de tu Espíritu... a dónde huiré de tu presencia?* (Sal. 139: 7-10). Él es Dios omnisciente *"porque el Espíritu todo lo escudriña, aun lo profundo de Dios... nadie conoce las cosas de Dios, sino el Espíritu de Dios"* (1Co. 2: 10-11). Él es Dios omnipotente porque *"Respondiendo el ángel, le dijo: -El Espíritu Santo vendrá sobre ti y el poder del Altísimo te cubrirá con su sombra; por lo cual también el*

Santo Ser que va a nacer será llamado Hijo de Dios" (Lc. 1: 35).

¡El Espíritu Santo es el creador del universo! Porque Job declara: *"El Espíritu de Dios me hizo y el soplo del Omnipotente me dio vida"* (Job 33: 4). El salmo 104: 30 dice: *"Envías tu Espíritu, son creados y renuevas la faz de la tierra."*

Él es el dador de la vida porque Jesús dijo: *"El Espíritu es el que da vida"* (Jn. 6: 63). Él es quien *"... levantó de los muertos a Cristo Jesús* [y] *vivificará también vuestros cuerpos mortales por su Espíritu que está en vosotros"* (Ro. 8: 11).

¡No cuestionamos que Cristo es una persona, porque al recibirlo lo conocemos, aunque sin haberlo visto! (1P. 1: 8). No tenemos que demostrar las cualidades personales del Padre, porque al ser hechos sus hijos le decimos:

-*"Abba"* Padre (Ro. 8: 15).

Y así conocemos su tan personal e íntimo amor.

Al tener un verdadero encuentro con el Espíritu Santo no tenemos que ilustrar su personalidad, también lo reconocemos como lo hizo Juan (Jn. 1: 32). Lo conocemos como persona porque mora con nosotros, porque está en nosotros (Jn. 14: 17).

El Espíritu Santo es la respuesta de Dios para la vida que ha recibido a Cristo. La garantía de un destino divino, de la verdadera salvación, de la verdadera victoria. Nada es imposible para Él, no hay ninguna situación que Él no pueda transformar. Para Él todo es posible, no hay historia que Él no pueda cambiar. El Espíritu Santo es el Señor, y donde Dios el Espíritu es Señor, allí hay libertad (2Co. 3: 17).

Espíritu de Revelación

No solamente hemos recibido en el Espíritu Santo la plenitud de la deidad, con su venida hemos recibido al Espíritu de Revelación, el acceso al mayor conocimiento de Dios en la historia del hombre. En el principio, el Espíritu Santo reveló a Dios en su unidad. Un conocimiento por designio divino parcial, pese a las imágenes humanas y a las teofanías de las historias bíblicas del Antiguo Testamento.

Aunque en la Biblia hebrea, en varias ocasiones se proclama a Dios como Padre, los autores bajo el Antiguo Pacto no recibieron del Espíritu toda la verdad que nosotros hemos recibido. La revelación de Dios en su Trinidad, por lo tanto, es una revelación de la venida personal del Espíritu en el Nuevo Pacto, una revelación de su venida a la iglesia ¡reservada para nosotros, reservada para usted!

Así que ahora podemos conocerlo a Él tal como es, y podemos entender la revelación de Dios sin sombra.

Moisés escribió: "*un viento de Dios se movía sobre la faz de las aguas*" (Gn. 1: 2). Nosotros predicamos: "*Y el Espíritu de Dios se movía sobre la faz de las aguas.*"

Recibimos esta revelación por la venida de la persona del Espíritu Santo, porque Jesús dijo: "*El Espíritu de verdad... el Consolador, el Espíritu Santo... él os enseñará todas las cosas... Os conviene que yo me vaya; porque si no me fuera, el Consolador no vendría a vosotros; más si me fuere, os lo enviaré... él os guiará a toda la verdad*" (Jn. 14: 17, 26; 16: 7, 13).

Es gracias a Él que ahora podemos conocer las verdades más profundas de Dios, porque el Espíritu escudriña y nos revela lo profundo de Dios (1Co. 2: 10). Aun el mundo angelical conoce la verdad por medio del Espíritu Santo, como lo describió Ambrosio, obispo de Milán, otro importante teólogo, orador y defensor del cristianismo en el siglo IV:

"*El Espíritu Santo no es, entonces, de la sustancia de cosas corpóreas, pues él es quien derrama gracia incorpórea sobre cosas corpóreas; tampoco...es él de la sustancia de criaturas invisibles, pues ellas reciben Su santificación, y a través de él son hechas superiores a las otras obras en el universo. Sea que hablen de ángeles o dominios o poderes, cada criatura espera por la gracia del Espíritu Santo... tiene que ser entendido que la naturaleza de los ángeles recibe...gracia del Espíritu. . . quienes en verdad la gracia del Espíritu Santo hizo hijos de Dios. Por lo tanto, también, cada criatura en sí misma será transformada por la revelación de la gracia del Espíritu, y será transformada por la gracia del Espíritu.*

¡Qué poderoso! Los ángeles reciben del Espíritu Santo toda la verdad que conocen, porque Él es el Espíritu de Revelación. Al conocer al Espíritu Santo, descubrí que el mundo angelical también existe y depende de Él. Su venida es la razón por la cual nosotros podemos experimentar el mundo espiritual. En ocasiones soy despertado por voces angelicales adorando a Dios, y eso se debe a que el Espíritu Santo igualmente preside en la gran asamblea de los ángeles creados, guiados y enseñados por Él (Job 38: 7; Ap. 7: 11-12).

El obispo Ambrosio dijo que los ángeles reciben santificación y gracia del Espíritu, pero yo creo que es mucho más profundo. ¡Todo el universo visible y el invisible dependen de Él, porque la Biblia dice que *"nadie conoció las cosas de Dios, sino el Espíritu de Dios!* (Ro. 1: 19-20; 1Co. 2: 9-11).

Ningún ser en el cielo o en la tierra puede conocer a Dios aparte de Cristo y del Espíritu Santo porque la palabra de Dios declara *"Por tanto, os hago saber que nadie que hable por el Espíritu de Dios llama anatema a Jesús; y nadie puede llamar a Jesús Señor, sino por el Espíritu Santo"* (1Co. 12: 3).

Los Serafines, por lo tanto, llaman al Señor *¡Jehová de los ejércitos! ¡Toda la tierra está llena de su gloria!* Porque el Espíritu Santo es quien revela a Dios (1Co. 2: 9-11). ¡Piense en cuánta revelación está reservada para usted al tener un encuentro con el Espíritu Santo!

Espíritu de Santidad

El Espíritu Santo es el Espíritu de la verdadera santidad, su persona es completamente santa y es esencialmente santificadora. El nombre de Jesús significa salvador y su obra es esencialmente salvadora. El Espíritu Santo es completamente Espíritu porque *"Dios es Espíritu"* (Jn. 4: 24). Él es completamente Santo porque su nombre es Santo y su persona irremisiblemente santificadora (Is. 6: 3). Es cuando lo recibimos a Él, que podemos vivir en la verdadera santidad. Sin la presencia ni la obra del Espíritu Santo es imposible vivir en santidad.

Podemos tratar por todos los medios y de todas las formas, pero vamos a caer eventualmente hasta que la presencia y la unción del Espíritu Santo tomen el control. Entonces dejaremos de luchar, dejaremos de forzar; nos rendiremos a él y dejaremos de caer. Si usted ha estado luchando por ser santo, por agradar a Dios con sus propias fuerzas, estoy seguro de que no le ha funcionado. Deje de buscar la santidad y comience a buscar al santificador. Recuerde, Él es el Espíritu Santo.

En su magnífica y ungida defensa sobre la divinidad del Espíritu Santo, Basilio Magno, el hermano de Gregorio de Nisa, y otro de los defensores clásicos de la doctrina cristiana durante el siglo IV, dijo lo siguiente acerca del nombre y la persona del Espíritu Santo:

"…un nombre especialmente apropiado a todo lo que es incorpóreo, puramente inmaterial e indivisible. Así pues, nuestro Señor, cuando le enseña a la mujer (samaritana) que cree que Dios es un objeto de culto local, que lo incorpóreo es incomprensible, dijo que "Dios es Espíritu." En nuestra audiencia, entonces, sobre el Espíritu es imposible formar la idea de un carácter circunscrito sujeto a cambio y variación o del todo como la criatura, [Con respecto a su nombre] estamos obligados a avanzar en nuestras concepciones a lo más alto y pensar en una esencia inteligente, en poder infinito, en magnitud ilimitada que no es medida por los tiempos o edades, generoso de sus buenos dones, a quien se convierten todas las cosas que necesitan santificación, ante quien llegan todas las cosas que viven en virtud, como si fuesen regadas por su inspiración y ayudadas a llegar hacia su fin natural y apropiado; perfeccionando todas las demás cosas, pero el mismo no carece de nada, viviendo sin necesidad de restauración, pero como proveedor de la vida, no creciendo por adiciones, pero en seguida completo, establecido por sí mismo, omnipresente, origen de la santificación, luz perceptible por la mente, suministrando, por así decirlo, a través de sí mismo, iluminación a toda facultad en búsqueda de la verdad; por naturaleza inaccesible, aprehendido por razón de bondad, quien llena

todas las cosas con su poder, pero comunicado sólo a los dignos, no se comparte en una medida, pero distribuye su energía de acuerdo a "la medida de la fe; en esencia simple, en poderes diversos, totalmente presente en cada uno y completamente en todas partes; impasible dividido, compartido sin pérdida de dejar de ser completo, de acuerdo a la semejanza del rayo de sol, cuya luz amable cae sobre aquel que lo disfruta para sí mismo, sin embargo, ilumina la tierra y el mar y se mezcla con el aire. Así, también, es el Espíritu a todo aquel que lo recibe, como si dado a esa sola persona, y, sin embargo, envía gracia suficiente y completa para toda la humanidad, y es disfrutado por todos los que lo comparten, de acuerdo con la capacidad, no de su poder, sino de su naturaleza."

-¡Gloria a Dios!

El Espíritu Santo es el único que puede perfeccionar e iluminar la vida del hombre. Él es el Espíritu de Dios (Gn. 1: 2), el Espíritu del Señor (Lc. 4: 18), el Espíritu del Padre (Mt. 10: 20) y el Espíritu del Dios viviente (2Co. 3: 3). Él es el Espíritu de Cristo (Ro. 8: 9; Flp. 1: 19), el Espíritu del Hijo (Gá. 4: 6) y el Espíritu Eterno (Heb. 9: 14). Con Él recibimos vida completa, salvación completa y santificación completa. Él es el Espíritu de vida en Cristo Jesús que nos libra de la ley del pecado y de la muerte (Ro. 8: 2). Su nombre significa toda la revelación de la verdad divina porque Él es el Espíritu de Verdad (Jn. 14: 17). La garantía de una vida completamente transformada, vivificada y empoderada.

Espíritu del Padre

"... *Jehová ha dicho así: Israel es mi hijo, mi primogénito...*" (Ex. 4: 22-23).

Cuando aceptamos a Cristo, el Señor nos une al Padre en realidad espiritual (Jn. 14: 6), pero es el Espíritu Santo quien nos introduce a la necesaria experiencia de esa adopción en la vida cotidiana (Jn. 16: 13-15; Ro. 8: 14). Él nos lleva a la conciencia de la paternidad divina que nos da identidad celestial, seguridad espiritual, victoria y confianza para demostrar su poder. Muchos, sin embargo, no han experimentado esa realidad.

Hay quienes no están seguros de ser salvos, de ser hijos de Dios. ¡Esta no es la voluntad de Dios! Nuestro señor Jesús recibió la afirmación del Padre cuando fue bautizado por Juan en el Jordán, el modelo de la experiencia que el Padre desea para todos sus hijos. La Biblia dice que:

"*...descendió el Espíritu Santo sobre él en forma corporal, como paloma, y vino una voz del cielo que decía: Tú eres mi Hijo amado; en ti tengo complacencia*" (Lc. 3: 22).

Jesús sabía que era hijo de Dios desde antes de su bautismo (Lc. 2: 49). El Padre, sin embargo, lo afirmó en público, en una experiencia humana para mostrarnos lo que quiere para todos nosotros: la constitución de una relación cotidiana con el Padre Celestial por medio del Espíritu Santo (Jn. 14: 6; Ro. 5: 5; 8: 14). Fue lo que me aconteció cuando Él me visitó en Grand Rapids. El Espíritu Santo descendió sobre mí y escuché al Padre decirme:

-*¡Orlando, tú eres mi hijo, te amo!*

Desde entonces, mi conciencia comenzó a salir de la paternidad del rechazo y de la falta de propósito en la vida. El diablo y el pecado perdieron autoridad práctica sobre mí y el Espíritu Santo comenzó la obra de transformar mi carácter para formar a Cristo en todo mi ser (Gá. 4: 6-7, 19). De la misma manera, El Padre celestial quiere tener un encuentro vivo y transformador con todos sus hijos:

¿No es él tu Padre que te creó? Él te hizo y te estableció… ¿No es Efraín hijo precioso para mí? ¿No es niño en quien me deleito? Pues desde que hablé de él, me he acordado de él constantemente. Por eso mis entrañas se conmovieron por él; ciertamente tendré de él misericordia, dice Jehová… este es el pacto que haré con la casa de Israel después de aquellos días, dice Jehová: Daré mi ley en su mente, y la escribiré en su corazón; y Yo seré a ellos por Dios, y ellos me serán por pueblo… los haré volver, y los haré andar junto a arroyos de aguas, por camino derecho en el cual no tropezarán; porque soy a Israel por Padre, y Efraín es mi primogénito… Me llamaréis: Padre mío, y no os apartaréis de en pos de mí… Ahora pues, Jehová, tú eres nuestro Padre; nosotros barro, y tú el que nos formaste; así que obra de tus manos somos todos nosotros" (Dt. 32: 6; Is. 64: 8; Jer. 3: 19; 31: 9, 20, 31, 33).

Espíritu del Hijo

Cuando el Espíritu Santo viene a nuestras vidas, Cristo se convierte en el centro. El Espíritu Santo nos une a Cristo y nos sostiene en Cristo. A Cristo seguimos y en su imagen queremos ser transformados."*Nadie viene al Padre sino por mí*," dice el Señor (Jn. 14: 6). Por lo tanto, nada es más importante en la vida cristiana que una verdadera, viva y práctica relación personal con Jesús:

"*Vuelve ahora en amistad con el Señor, y tendrás paz; y por ello te vendrá bien. Recibe de él la ley, y pon sus palabras en tu corazón. Si te volvieres al Omnipotente, serás edificado; Alejarás de tu tienda la aflicción; Tendrás más oro que tierra, y como piedras de arroyos oro de Ofir; El Todopoderoso será tu defensa, y tendrás plata en abundancia. Porque entonces te deleitarás en el Omnipotente, y alzarás a Dios tu rostro. Orarás a él, y él te oirá; y tú pagarás tus votos. Determinarás asimismo una cosa, y te será firme, y sobre tus caminos resplandecerá luz*" (Job 22: 21-28).

Mientras el Espíritu se está manifestando en nuestras vidas, mientras estamos viviendo la adopción en una experiencia real con el Padre, allí también está el Hijo, real, en vivo.

Sin Jesús la salvación es imposible porque Jesús es el autor de nuestra salvación (Heb. 5: 9). Sin Él es imposible llegar al Padre porque Él es el camino al Padre (Jn. 14: 6).

Sin Él es imposible recibir al Espíritu Santo porque Él es quien bautiza con Espíritu Santo y con fuego (Mt. 3: 11).

El Señor vino al mundo hace dos milenios, la segunda persona de La Trinidad, Dios Hijo, Dios trino. Cien por ciento Dios, cien por ciento humano. Lleno de Dios *"Porque en él habita corporalmente toda la plenitud de la deidad"* (Col. 2: 9), para salvarnos, para mostrarnos el camino al Padre y para guiarnos al Espíritu Santo:

"Más el Consolador, el Espíritu Santo, a quien el Padre enviará en mi nombre, él os enseñará todas las cosas, y os recordará todo lo que yo os he dicho…él me glorificará; porque tomará de lo mío, y os lo hará saber. Todo lo que tiene el Padre es mío; por eso dije que tomará de lo mío, y os lo hará saber" (Jn. 14: 26; 16: 14-15).

¡Qué maravilloso! Dios envía su Espíritu Santo y toda la deidad es revelada. En una experiencia con Él somos afirmados como hijos de Dios. ¡Y gracias a Él podemos conocer íntimamente al precioso Maestro, a Jesús de Nazaret, a nuestro glorioso salvador!

" Y aquel Verbo fue hecho carne, y habitó entre nosotros (y vimos su gloria, gloria como del unigénito del Padre), lleno de gracia y de verdad…" (Jn. 1: 14).

CAPÍTULO CINCO
EN LOS LUGARES CELESTIALES

Su Obra: Nuestra Historia

El Espíritu Santo es el Espíritu de la historia divina, de lo que Dios concibe, de lo que Dios declara, de lo que Dios revela y de lo que Dios hace. La obra del Espíritu Santo para con nosotros, por lo tanto, no inicia en el momento del arrepentimiento, es una obra que tiene su origen desde antes de la fundación del mundo y que atraviesa toda la historia redentora (1P. 1: 18-21; Ef. 1: 4-5; Gn. 1: 2).

La Palabra de Dios es clara al respecto. Dios ama al ser humano y lo busca antes de que el hombre lo busque a Él (Jn. 15: 16-18). Su amor por nosotros es la razón de sus intervenciones en nuestras vidas (Sal. 139: 13-16; Hch. 17: 26-28). Todos somos recipientes del amor de Dios (Gn. 3: 15; Jn. 3: 16), pero también blanco de quien no quiere que nadie se salve (1P. 5: 8). Si no puede destruirnos antes de nacer, Satanás busca causar el mayor trauma posible para que, aunque lleguemos a la iglesia, no podamos conocer a Dios íntimamente por medio del Espíritu Santo (Gn. 3: 15; 1P. 1: 8; Ap. 12: 4, 17).

Antes de la fundación del mundo, el Espíritu Santo en su omnisciencia vio a todo ser humano en los pasillos de la historia y se movió a través de ella para que todos tuviéramos la oportunidad de la salvación. El pecado pasó a la humanidad cuando Adán y Eva fallaron (Ro. 5: 12), pero gracias al amor de Dios por nosotros, también nos fue dada la oportunidad del arrepentimiento, una medida de fe, porque de tal manera amó Dios al mundo (Gn. 3: 15, 21; Hch. 17: 26, 30; Ro. 12: 3).

La Biblia dice:

"Y Jehová Dios hizo al hombre y a su mujer túnicas de pieles, y los vistió... Y de una sangre ha hecho todo el linaje de los hombres, para que habiten sobre toda la faz de la tierra; y les ha prefijado el orden de los tiempos, y los límites de su habitación; para que busquen a Dios... Porque en él vivimos, y nos movemos, y somos; [y] ahora manda a todos los hombres en todo lugar, que se arrepientan... porque lo que de Dios se conoce les es manifiesto, pues Dios se lo manifestó... de modo que no tienen excusa... El Señor... es paciente para con nosotros, no queriendo que ninguno perezca, sino que todos procedan al arrepentimiento." (Gn. 3: 21; Jn. 16: 8; Hch. 17: 26-31; Ro. 1: 19-20; 2P. 3: 9).

Mi tiempo de gracia para la salvación llegó a su ápice en 1991. El mensaje de Junior Acevedo fue mi "*hora cero.*" Creo que, si no hubiese aceptado a Cristo esa noche, no me hubiese salvado, ni hubiese escrito este libro. Pero al aceptarlo, el Señor inició la próxima etapa en su plan de salvación, llevarme a un encuentro personal con el Espíritu Santo para tener una vida victoriosa, y luego empoderarme para la obra del ministerio (Mr. 16: 17-20; Hch. 1: 8; Ef. 4: 11-12).

Hoy, puedo ver tres etapas en la historia del Espíritu Santo en mi vida. Antes de mi conversión para llevarme a la confrontación del evangelio de Jesús. En su venida al aceptar a Cristo para ser su templo y para transformar mi carácter; y en su empoderamiento para usarme como servidor en la edificación de la iglesia y de la gran comisión (Mt. 28: 19-20; 1Co. 3: 4-6; 5: 28; 12: 4; 1P. 2: 9-10; Ef. 2: 10; 3: 10; 4: 11).

El Espíritu Santo tiene soberanía al respecto de cómo y de cuándo las personas reciben su empoderamiento (1Co. 12: 11,18), pero este necesario aspecto de su obra es una promesa para todos los que creen, para todos los que lo piden, para todos los que lo buscan con denuedo.

Recibir a Cristo, por lo tanto, es necesario para el nuevo nacimiento. Una relación con la persona del Espíritu Santo es necesaria para la vida cristiana victoriosa. El empoderamiento del Espíritu Santo es necesario para autoridad en el mundo espiritual, para la edificación de la iglesia, para la verdadera prosperidad y para dominio en la evangelización del mundo:

"Pues si vosotros siendo malos, sabéis dar buenas dádivas a vuestros hijos, ¿cuánto más vuestro Padre celestial dará el Espíritu Santo a los que se lo pidan? Pedro les dijo: Arrepentíos, y bautícese cada uno de vosotros en el nombre de Jesucristo para perdón de los pecados; y recibiréis el don del Espíritu Santo. Porque para vosotros es la promesa, y para vuestros hijos, y para todos los que están lejos; para cuantos el Señor nuestro Dios llamare... pero recibiréis poder, cuando haya venido sobre vosotros el Espíritu Santo, y me seréis testigos en Jerusalén, en toda Judea, en Samaria, y hasta lo último de la tierra" (Lc. 11: 13; Hch. 1: 7-8; 2: 38-39).

Potestad Angelical

Algo muy poderoso y profundo comenzó a manifestarse en mí vida a partir de la llegada del Espíritu Santo a mi cuarto aquel invierno de 1994. Su visita afectó mi mundo espiritual, así como también mi alrededor material con innegables evidencias de poder y de autoridad sobrenatural que entonces no podía entender.

Un día, mientras me dirigía a la parada de autobuses de Rio Piedras, en Puerto Rico, aproximadamente a las tres de la tarde, fui rodeado por tres jóvenes en un asalto a mano armada.

-*Dame tu cartera* -Me dijo el más alto de los tres.

Al descubrir el plateado revólver incrustado en su cintura, la unción del Espíritu Santo descendió sobre mí y levantando mi gigantesca Biblia Thompson a la vista de todos, dije en voz alta:

-*¡Yo soy Hijo de Dios!*

Al instante vi en el Espíritu un ángel que descendió en medio de ellos y de mí con tal ímpetu que los tres fueron empujados hacia atrás, y casi cayeron al suelo. El asombro en sus rostros fue impresionante.

-*Perdóname, perdóname, manito. Vete, vete, vete* —Me dijo el joven que llevaba el revólver, mientras los otros dos se alejaban.

Entonces, el Espíritu Santo me dijo:
-*O rdénales que regresen y predícales.*

Nunca me olvidaré de la velocidad con la que regresaron cuando dije:
-*Ustedes tres, vuelvan aquí ahora mismo.*

En la ciudad de San Cristóbal, República Dominicana, ministraba con mi guitarra durante un servicio auspiciado por el famoso evangelista Carlos Barranco, a quien Dios había usado años antes para sanarme milagrosamente de una enfermedad renal terminal.

Al concluir la adoración me ubiqué al lado de uno de los árboles del parque y noté que una de las familias que había venido durante el tiempo de la música, había decidido irse tan pronto como comenzó el mensaje. Mientras observaba a los miembros de aquella familia con curiosidad, preguntándome por qué se marchaban, el Espíritu Santo me dio una inusual orden:

-Envía ángeles a buscarlos para que se conviertan.

Ningún versículo bíblico llegó a mi mente, pero otra vez la unción descendió sobre mí y obedecí la orden del Espíritu.

-Ángeles, vayan a buscar a esa familia. –Dije con voz de mando, e inmediatamente puse mi atención en la predicación.

Cuando la pastora Janet Escobar, puertorriqueña y predicadora de la noche, concluyó su mensaje, subí al altar para tocar mi guitarra y minutos después la misma familia que se había ido del parque regresó para aceptar a Cristo. Sus miembros, ¡Ni siquiera habían escuchado el mensaje!

En el estacionamiento de la famosa tienda Wal-Mart en Tulsa, Oklahoma, una caliente tarde de verano, me dirigía a comprar alimentos cuando fui interceptado por un borracho pidiendo limosna. Era un hombre americano mucho más alto que yo, blanco, tan embriagado que casi ni podía hablar. Como era obvio que estaba pidiendo para tomar más alcohol, no le hice caso. Pero tan pronto como entré en la tienda, el Espíritu Santo me dijo:

-Devuélvete, golpea su estómago y predícale.

El poder de Dios vino sobre mí, salí de la tienda y tan pronto como me acerqué, le di un golpe en la boca del estómago. Cuando incliné mis ojos para ver la reacción, aquel hombre alto había comenzado a llorar y estaba totalmente libre de la embriaguez, lúcido para recibir el Evangelio.

En otra ocasión, un joven a quien nunca había visto se acercó y me dijo:
-*Perdóname, pero quiero decirte que cuando miré tu rostro, una luz vino sobre mí y fui libertado del cigarrillo.*

Algo muy profundo y poderoso se había asido de mi presencia física y estaba causando cambios dondequiera que iba. Había llegado a Grand Rapids en necesidad de un toque de Dios, pero cuando salí los demonios corrieron. Entonces el Espíritu Santo comenzó a mostrarme una de las más profundas verdades que he recibido.

La Asamblea Celestial

Fui hecho nueva criatura cuando acepté a Cristo como mi salvador, y como miembro del cuerpo de Cristo tengo una función ministerial que debo ejercer. Cuando recibí el empoderamiento del Espíritu Santo, sin embargo, también recibí oficio, asiento, dominio y potestad participativa dentro de la reunión de la Asamblea Celestial.

No solamente puedo entrar en el consejo divino de Dios a través de la oración con respecto a mi vida personal (Heb. 4: 6; Ef. 2: 16), sino que, además, puedo participar en los movimientos ejecutivos, legislativos y judiciales del gobierno de Dios. Tengo autoridad de hacer peticiones especiales dentro de la agenda del Señor para las edades. Dentro de los parámetros de mi título en la asamblea divina, puedo contar con la colaboración de huestes celestiales en la ejecución del mandato del Señor sobre mi vida (Mt. 16: 19; Jn. 1: 12; Ef. 2: 6, 10; Heb. 1: 14). ¿Sabía usted que Dios tiene una asamblea celestial a la que sus hijos también pertenecemos? Esta es una dinámica verdad gráficamente ilustrada en la Bíblia:

"Entonces él dijo: Oye, pues, palabra de Jehová: Yo vi a Jehová sentado en su trono, y todo el ejército de los cielos estaba junto a él, a su derecha y a su izquierda. Y Jehová dijo: ¿Quién inducirá a Acab... Y uno decía de una manera, y otro decía de otra. Y salió un espíritu y se puso delante de Jehová y dijo: Yo le induciré. Y Jehová le dijo... Le inducirás, y aun lo conseguirás; ve, pues, y hazlo así..." (1Re. 22: 19-22).

Hasta que el hombre fue creado, los ángeles formaban una maravillosa asamblea celestial. Millares de ellos creados antes de la fundación de la tierra (Is. 6: 3; Neh. 9: 6) se presentaban delante de Dios (Job. 1: 6). Durante los actos de Dios descritos en Génesis, los ángeles fueron los testigos maravillados de la fundación de la tierra (Job 38: 4, 7; Gn. 1: 26).

Entonces todo el orden angelical fue cambiado cuando Dios agregó dos nuevos miembros a la familia celestial, Adán y Eva. Por causa de la imagen de Dios en la nueva creación y en todos los seres humanos que de ellos nacerían sobre la tierra, originalmente fuimos constituidos mayores en la compañía celestial. Menores que los ángeles por nuestra humanidad, pero mayores por nuestra constitución divina. Fuimos creados a la imagen de Dios (Gn. 1: 26-27; 2: 7; Sal. 8: 4-5).

Desde ese momento, los ángeles recibieron una comisión adicional: ser *"espíritus ministradores, enviados para servicio a favor de los que serán herederos de la salvación"* (Heb. 1: 14). Satanás y una tercera parte de los ángeles rechazaron la nueva propuesta, y desde entonces buscan la destrucción de los hijos de Dios (Gn. 3: 15; 1P. 5: 8; Ap. 12: 17).

Adán y Eva, nuestros primeros padres, pecaron y en ellos todos fuimos destituidos de nuestro lugar en la asamblea celestial, desconectados de la más íntima relación que Dios había destinado para toda su creación. Fuimos constituidos pecadores por naturaleza (Ro. 3: 23; 5: 12), pero Cristo vino a buscar lo que se había perdido, a nosotros. Él vino a restaurarnos a la comunión personal con Dios, a la obra ministerial, y a la posición de participación en su Asamblea Celestial (Mr. 10: 37; Lc. 19: 10; Hch. 3: 21). El profeta Daniel vio esa realidad en visión de Dios y la declara en su profecía:

"Estuve mirando hasta que fueron puestos tronos, y se sentó un Anciano de días, cuyo vestido era blanco como la nieve,

y el pelo de su cabeza como lana limpia; su trono llama de fuego, y las ruedas del mismo, fuego ardiente. Un río de fuego procedía y salía de delante de él; millares de millares le servían, y millones de millones asistían delante de él; el Juez se sentó, y los libros fueron abiertos" (Dn. 7: 9-10).

El Nuevo Testamento nos dice que ese día ha llegado:

"... sino que os habéis acercado al monte de Sion, a la ciudad del Dios vivo, Jerusalén la celestial, a la compañía de muchos millares de ángeles, a la congregación de los primogénitos que están inscritos en los cielos, a Dios el Juez de todos, a los espíritus de los justos hechos perfectos, a Jesús el Mediador del nuevo pacto, y a la sangre rociada que habla mejor que la de Abel" (Heb. 12: 22-24).

¡Con razón el Señor dijo que las puertas del infierno no prevalecerían contra su iglesia! Él vino a buscar lo que se había perdido, a establecer la más poderosa asamblea de los hijos de Dios contra la cual Satanás y todos sus ángeles no pueden prevalecer (Mt. 16: 18). Gracias a su muerte en la cruz del calvario, a su resurrección, a su ascensión a la diestra del Padre; gracias a la venida de su Espíritu Santo, hemos sido reconciliados y nuevamente sentados a su diestra, y ahora somos la iglesia, la asamblea de Santos en Cristo, llenos del Poder del Espíritu Santo para predicar el Evangelio con señales y con prodigios:

"Más a todos los que le recibieron, a los que creen en su nombre, les dio potestad de ser hechos hijos de Dios; los

cuales no son engendrados de sangre, ni de voluntad de carne, ni de voluntad de varón, sino de Dios... y juntamente con él nos resucitó, y asimismo nos hizo sentar en los lugares celestiales con Cristo Jesús, para mostrar en los siglos venideros las abundantes riquezas de su gracia... para que la multiforme sabiduría de Dios sea ahora dada a conocer por medio de la iglesia a los principados y potestades en los lugares celestiales, conforme al propósito eterno que hizo en Cristo Jesús nuestro Señor... pero recibiréis poder, cuando haya venido sobre vosotros el Espíritu Santo, y me seréis testigos en Jerusalén, en toda Judea, en Samaria, y hasta lo último de la tierra... Y estas señales seguirán a los que creen..." (Mt. 28: 18-20; Ef. 3: 10; Jn. 1: 12-13; Ef. 2: 1-7; 3: 10-11; Hch. 1: 8; Mr. 16: 17-18).

Naturalmente Sobrenatural

"Soy el más ignorante de todos los hombres; no hay en mí discernimiento humano. No he adquirido sabiduría, ni tengo conocimiento del Dios santo. ¿Quién subió al cielo, y descendió? ¿Quién encerró los vientos en sus puños? ¿Quién ató las aguas en un paño? ¿Quién afirmó todos los términos de la tierra? ¿Cuál es su nombre, y el nombre de su hijo, si sabes? El temor de Jehová es el principio de la sabiduría, Y el conocimiento del Santísimo es la inteligencia" (Pr. 9: 10; 30: 2-3).

Muchos hijos de Dios no viven estas tres realidades espirituales en sus vidas, por lo que experimentan mucha pérdida. Entre los que aceptan a Cristo como salvador, que es tan sólo el primer nivel, unos pocos desean y buscan el llamado ministerial (el segundo nivel). Una más pequeña porción de hijos de Dios sabe acceder al consejo divino y ser parte del dominio de Dios sobre las edades. La verdad es que, aunque Cristo es nuestro horizonte y no nos enfocamos en buscar experiencias sobrenaturales (Heb. 12: 2), lo sobrenatural, así como la experiencia de Dios en lo natural, es la natural atmósfera del Espíritu Santo. Nuestro Señor no sólo nos dice que su reino no es de este mundo (Jn. 18: 36), sino que además nos indica que estamos llamados a buscar y a vivir en la realidad espiritual de las cosas que no son de este mundo (Mt. 6: 33).

El Apóstol Pablo propone esta clase de vida de la siguiente manera:
"Si, pues, habéis resucitado con Cristo, buscad las cosas de arriba, donde está Cristo sentado a la diestra de Dios. Poned la mira en las cosas de arriba, no en las de la tierra. Porque habéis muerto, y vuestra vida está escondida con Cristo en Dios" (Col. 3: 1-3).

Buscamos a Dios, adoramos a toda Su Trinidad, somos llevados a una relación íntima con Él. Dios, sin embargo, es el Espíritu, Dios es invisible, Dios es sobrenatural. Conocer a Dios es una experiencia sobrenatural y esto es lo que significa ser un Santo, tener intimidad con Dios y conocer su mundo.

Al recibir la potestad de ser hechos hijos de Dios, nuevas criaturas en Cristo, también somos un espíritu con el Señor (1Co. 6: 17). Ahora podemos operar tanto en el mundo espiritual como en el mundo terrenal (Mt. 18: 18), cien por ciento humanos en la completa experiencia humana. Pero también cien por ciento Santos en Cristo, seres espirituales en una vida espiritual completa. No vivir esta realidad dual es de invaluable pérdida personal, para la iglesia, para el universo.

El sabio de Proverbios treinta se llama a sí mismo un ignorante porque con toda la sabiduría que ha adquirido acerca de la vida terrenal y sobre cómo vivirla, no ha conocido las intimidades de Dios y de su mundo sobrenatural, de su Hijo, de su familia Celestial. Por lo tanto, se llama ignorante a sí mismo (Pr. 30: 2-3; 1Co. 2: 6-10).

La intimidad con el Espíritu Santo trae la revelación de lo sobrenatural de Dios, conocerlo a Él es vivir en realidad espiritual. Lo sobrenatural es el resultado de su venida. ¡Somos Santos cuando conocemos a Dios y a sus realidades sobrenaturales, sin dejar de ser humanos en la experiencia humana completa! Es decir, el conocimiento experimental de Dios y de su mundo sobrenatural, como lo es el conocimiento íntimo y único que se adquiere en un matrimonio bajo el orden de Dios, es santidad y es sabiduría:
"*El temor de ADONAI es el principio de la sabiduría, y el conocimiento de los santos es inteligencia*" (Pr. 9: 10, Biblia Judía Completa).

"*El principio de la sabiduría es el temor del Señor, y el conocimiento de cosas santas es inteligencia*" (Pr. 9: 10, Biblia de Geneva).

"*El temor del Señor es el principio de la sabiduría, y el conocimiento de lo santo es inteligencia*" (Pr. 9: 10, Biblia Jubileo).

"*... No he adquirido sabiduría, ni tengo conocimiento de las cosas santas*" (Pr. 30: 3, Biblia de Geneva).

"*...no he adquirido sabiduría, ni tengo el conocimiento de los santos*" (Pr. 30: 3, Nueva Versión Estándar Revisada).

"*... No aprendí sabiduría, ni conocí el conocimiento de hombres santos*" (Pr. 30: 3, Biblia Wickliffe).

¡Santos en Cristo! (Ef. 1: 1).

Es lo que somos cuando tenemos un encuentro personal e íntimo con el Espíritu Santo. Como en la intimidad del matrimonio, unidos a Cristo de tal manera que nuestros ojos espirituales son abiertos para ver, para desear y para disfrutar de la intimidad espiritual de Dios (Jn. 14: 23; 1Co. 6: 17; Ap. 3: 20).

Continuamos conociendo su vida, sus negocios, su mundo, su iglesia, su realidad, todo su reino. De experiencia en experiencia, de precepto en precepto, de gloria en gloria (Is. 28: 10; 2Co. 13: 12). Así como la intimidad en el matrimonio no es una sola experiencia, sino muchas experiencias intimas que a través del tiempo producen toda clase de conocimiento durante la vida matrimonial, así el Espíritu Santo nos quiere llevar al conocimiento de Dios reservado para hombres santos, a una siempre fresca y distinta experiencia con Dios por el resto de nuestras vidas. Entonces podremos discernir y juzgar las cosas terrenales de la manera correcta.

Intimidad y comunión con Dios, con su mundo, con su familia celestial y terrenal es la verdadera santidad y sabiduría:

"Sino que os habéis acercado al monte de Sion, a la ciudad del Dios vivo, Jerusalén la celestial, a la compañía de muchos millares de ángeles, a la congregación de los primogénitos que están inscritos en los cielos, a Dios el Juez de todos, a los espíritus de los justos hechos perfectos, a Jesús el Mediador del nuevo pacto, y a la sangre rociada que habla mejor que la de Abel" (Heb. 12: 22-24).

"Sin embargo, hablamos sabiduría entre los que han alcanzado madurez; y sabiduría, no de este siglo, ni de los príncipes de este siglo, que perecen. Mas hablamos sabiduría de Dios en misterio, la sabiduría oculta, la cual Dios predestinó antes de los siglos para nuestra gloria, la que ninguno de los príncipes de este siglo conoció; porque si la hubieran conocido, nunca habrían crucificado al Señor de gloria. Antes bien, como está escrito: Cosas que ojo no vio, ni oído oyó, Ni han subido en corazón de hombre, Son las que Dios ha preparado para los que le aman. Pero Dios nos

las reveló a nosotros por el Espíritu; porque el Espíritu todo lo escudriña, aun lo profundo de Dios. Porque ¿quién de los hombres sabe las cosas del hombre, sino el espíritu del hombre que está en él? Así tampoco nadie conoció las cosas de Dios, sino el Espíritu de Dios. Y nosotros no hemos recibido el espíritu del mundo, sino el Espíritu que proviene de Dios, para que sepamos lo que Dios nos ha concedido, lo cual también hablamos, no con palabras enseñadas por sabiduría humana, sino con las que enseña el Espíritu, acomodando lo espiritual a lo espiritual. Pero el hombre natural no percibe las cosas que son del Espíritu de Dios, porque para él son locura, y no las puede entender, porque se han de discernir espiritualmente. En cambio, el espiritual juzga todas las cosas; pero él no es juzgado de nadie" (1Co. 2: 6-15).

CAPÍTULO SEIS

ATMÓSFERA PARA SU PRESENCIA

Por Invitación Solamente

"Si pensamos en el Espíritu Santo, como lo hacen muchos, como un mero poder o influencia, nuestro pensamiento constante será: ¿Cómo puedo conseguir más del Espíritu Santo? Pero si pensamos en él en la forma bíblica como una Persona Divina, nuestro pensamiento será más bien: "¿Cómo puede el Espíritu Santo tener más de mí?" (R. A. Torrey, 1910).

Para recibir la residencia del Espíritu Santo en el ser interior, es necesario aceptar a Jesús como salvador. Para conocer la persona del Espíritu Santo es necesario invitarlo. Es necesario construir la atmósfera apropiada para la manifestación de su presencia (Ex. 25: 8, 22).

Él reside en la parte más profunda del ser nacido de nuevo, en el espíritu. Pero no todo el que recibe a Cristo tiene una relación personal con Él, y esto se debe a que el Espíritu Santo no se da a conocer al alma ni al intelecto que no lo reconoce como persona, a quien no lo pide al Padre y al Hijo, a quien no paga el precio de conocer su presencia.

Dios creó el universo para el hombre, pero se reveló al hombre en un jardín (Gn. 3: 18). Demostró su poder en todo Egipto, pero se reunió con Moisés en el tabernáculo (Ex. 25: 8). El Señor pudo nacer en un palacio, pero decidió ser encontrado por sus adoradores en un pesebre (Lc. 2: 12). En vez de empoderarlos en el templo, el Espíritu Santo descendió sobre sus discípulos en un aposento (Hch. 2). De la misma manera, el Dios trino viene a la vida de quienes lo reciben a través de Cristo Jesús, pero es conocido y experimentado en una atmósfera específica. Reconocimiento, tiempo y espacio son necesarios para propiciar dicha atmósfera:

"Jehová nuestro Dios nos habló en Horeb, diciendo: Habéis estado bastante tiempo en este monte... Bastante habéis rodeado este monte; volveos al norte... el lugar que Jehová vuestro Dios escogiere de entre todas vuestras tribus, para poner allí su nombre para su habitación, ése buscaréis, y allá iréis... Tres veces cada año aparecerá todo varón tuyo delante de Jehová tu Dios en el lugar que él escogiere*"* (Dt. 1: 6; 2: 3; 12: 5; 16: 16).

"Y de una sangre ha hecho todo el linaje de los hombres, para que habiten sobre toda la faz de la tierra; y les ha prefijado el orden de los tiempos, y los <u>límites de su habitación</u>; para que busquen a Dios... Porque en él vivimos, y nos movemos, y somos; como algunos de vuestros propios poetas también han dicho: Porque linaje suyo somos" (Hch. 17: 26-28).

"Jesús le dijo: Mujer, créeme, que la hora viene cuando ni en este monte ni en Jerusalén adoraréis al Padre. Vosotros adoráis lo que no sabéis; nosotros adoramos lo que sabemos; porque la salvación viene de los judíos. Mas la hora viene, y ahora es, cuando los verdaderos adoradores adorarán al Padre <u>en espíritu y en verdad</u>; porque también el Padre tales adoradores busca que le adoren. Dios es Espíritu; y los que le adoran, en espíritu y en verdad es necesario que adoren" (Jn. 4: 21-24).

En la Isla del Cordero

¡El Señor me cerró todas las puertas!

Antes de convertirme a Cristo en la República Dominicana, fui un exitoso vendedor de electrodomésticos, pero cuando llegué a Puerto Rico en agosto de 1993, ni siquiera pude encontrar un trabajo de limpieza. Mi plan de ser un vendedor internacional en la compañía General Electric nunca se materializó.

Fue entonces cuando el blanco mini-autobús de la ahora Iglesia Jesucristo Reina, se parqueó frente al apartamento de mi hermana Noemí una tarde soleada en la ciudad de Santurce. La escena no pudo ser más escalofriante para alguien con mis rígidos antecedentes religiosos. Los hijos de los Pastores Ambrosio y Norma Escobar eran los cristianos más modernos que había conocido. Cortes de pelo de artistas borinqueños y pantalones apretados tipo "tubitos." No eran los modelos de mi mundo pentecostal, pero cuando dirigían la adoración y ministraban la Palabra, la gloria de Dios bajaba. ¡No podía creerlo!

Mi abuela Esperanza había hecho la conexión con la familia Escobar en un momento de crisis, cuando Dios envió al Pastor Ambrosio desde Puerto Rico a República Dominicana para profetizarle y para darle dirección divina. Uno de los líderes que viajó con él, el Pastor José Ríos (Papo), puso su atención en mí cuando lo acompañé con el órgano el domingo en la mañana. Meses después cuando entré en aquel vehículo con los modernos hijos del pastor Ambrosio, el Señor alteró mi vida.

Eventualmente, terminaría viviendo con la familia Escobar, inundado por las dádivas de algunas de las personas más ungidas y especiales que he conocido, en una comunidad enfocada en la adoración a Jesús, en la manifestación de su presencia y en la restauración. ¡Era exactamente la atmósfera que necesitaba!

Cuando comencé a ser parte del grupo de adoración de la iglesia hoy bajo el muy ungido liderazgo de los Pastores Iván y Ana Luz Rodríguez, Dios comenzó a llevarme a un lugar espiritual al que nunca había entrado. En la atmósfera de la adoración intensa, intencional y constante de Jesús, el cielo desde donde el Espíritu comenzaría a descender sobre mi vida.

El cambio geográfico no pudo ser más perfecto, aunque no lo sabía en ese momento. Dios ha hecho algo muy especial con el pueblo cristiano de Puerto Rico a nivel global y a través de la historia cristiana moderna. Creo que no es coincidencia que los padres de mi abuela, la Pastora Esperanza López, fueran puertorriqueños. Puerto Rico ha sido parte del plan de Dios para mi vida y para la vida de incontables personas hasta hoy.

Mejor conocido como "La Isla del Cordero," en su apreciado escudo de armas existe la imagen del cordero de Dios (Agnus Dei) descansando solemnemente sobre el libro de los evangelios. Se dice que cuando Cristóbal Colón arribó a las costas de Puerto Rico en 1493, se expresó poéticamente ante su belleza, bautizando la isla con el apropiado nombre de "San Juan Bautista." Colón no pudo haber sido más profético, pues además de ser una de las islas más hermosas del mundo, Puerto Rico ha ido, delante del Señor, evangelizando, especialmente, a las naciones de habla hispana y se ha convertido en la casa de grandes iglesias y de poderosos ministerios usados por Dios. No en vano es el hogar histórico del ministerio del famoso y ungido Evangelista Yiye Ávila, quien impactó la vida de millones de almas y con quien tengo una historia personal que compartiré más adelante.

Llegué a la Isla del Cordero en el tiempo en que el pueblo de Dios experimentaba una fresca ola en la adoración, en el momento en que muchas iglesias cambiaron de énfasis en el orden tradicional de sus servicios. La época de los ungidos y de los multitudinarios congresos de Alabanza y de Adoración, época en la que ministraron famosos adoradores como Marco Barrientos, Juan Carlos Alvarado, Marcos Witt, Torre Fuerte, entre otros.

Llegábamos de esos congresos cargados de amor por Jesús y el Pastor José Ríos (Papo) siempre se aseguraba de suministrarme los "Casetes" que utilizaba para adorar a Dios a solas. De repente ya no me importaba no haber conseguido trabajo en General Electric, sólo quería adorar a Dios y doblar mis rodillas en una desesperada búsqueda de su presencia.

No sólo entendía que me había sido imposible vencer el pecado y que mi carácter tenía que ser transformado, sino que, además, los demonios venían a estrangularme cada vez que trataba de pasar tiempo a solas en adoración. Pero mientras más adoraba, más libertad espiritual experimentaba. De repente, la intensa devoción en los servicios de la iglesia Jesucristo Reina, comenzó a llevarme a una mayor búsqueda de Dios cuando estaba a solas.

Cuando mi hermana Noemí me despidió en el aeropuerto de San Juan el 29 de enero de 1994, mi corazón estaba listo para la atmósfera espiritual que encontré en Grand Rapids, aunque no tenía idea de lo que estaba a punto de acontecerme.

Construyendo el Cielo para Su Venida

La Adoración a Jesús crea el cielo espiritual desde donde el Espíritu Santo desciende, la nube sobre la cual la presencia de Dios cabalga, la lluvia que cae sobre el corazón derramado a Él: *"Los sacrificios de Dios son el espíritu quebrantado; Al corazón contrito y humillado no despreciarás tú, oh Dios"* (Sal. 51: 17).

Primero debemos reconocer que el Espíritu Santo es una persona, e invitarlo a revelarse en nuestras vidas, y entonces la adoración intencional, enfocada en Dios, ininterrumpida, en público y en intimidad, será el eslabón que sostenga su venida fresca, viva y constante (Ef. 5: 18-20). Hoy día, sin embargo, muchos no tienen tiempo para adorar a Dios en intimidad y pocos lo hacen en público. Pero el cristiano que procura tiempo y que siempre tiene tiempo para humillarse en adoración, es buscado por Dios: *"… ahora es, cuando los verdaderos adoradores adorarán al Padre en espíritu y en verdad; porque también el Padre tales adoradores busca que le adoren"* (Jn. 4: 23).

El cristiano que reconoce al Espíritu Santo, que lo invita y que practica la adoración a la Trinidad de Dios está destinado a un encuentro con Él, y cabalgará con el Espíritu en los lugares celestiales (Sal. 8: 1; Jn. 4: 24; Ef. 1: 3). La adoración que ocurre cuando hemos reconocido al Espíritu Santo liberta el alma del orgullo y de la opresión satánica, hace proclamar la victoria de Dios sobre la carne y sobre los enemigos (Ex. 15: 2-21; Sal. 59:16), y establece la atmósfera para el progreso vertiginoso de los planes de Dios en la vida de sus hijos.

Así como Jesús estableció su nuevo pacto en un servicio de adoración (Mr. 14: 22-26), de la misma manera en que los discípulos recibieron la gran comisión cuando adoraron a Jesús (Mt. 28: 16-20), así como la primera Iglesia nació y fue empoderada en adoración (Hch. 2: 1-13), y de la misma forma en que el Espíritu Santo comisionó a Pablo en un servicio de adoración para cambiar al mundo entero (Hch. 13: 1-3), Dios responde cuando sus hijos diligentemente lo buscan y lo adoran (Heb. 11: 6).

En nuestra posición como hijos de Dios con poder, somos miembros del cuerpo de Cristo en la tierra (1Co. 12-14). Como Santos en Cristo hemos sido elevados a los lugares celestiales, y cada vez que nos acercamos a la presencia de Dios, primero nos postramos y nos despojamos de nuestras coronas y de todo lo que somos, porque adoramos a Jesús. Expresamos adoración cuando le damos a Él toda la gloria y toda la honra:

"*Después de esto oí una gran voz de gran multitud en el cielo, que decía: ¡Aleluya! Salvación y honra y gloria y poder son del Señor Dios nuestro... Y los veinticuatro ancianos y los cuatro seres vivientes se postraron en tierra y adoraron a Dios, que estaba sentado en el trono, y decían: ¡Amén! ¡Aleluya!* (Ap. 19: 1, 4).

La adoración es la elevación del alma hacia Dios, emocional, mental y físicamente en expresión derramada. Es reconocer que ante Él no somos nada. Que sin Él no podemos ser ni lograr nada y que sólo Él lo puede todo. Es declarar su majestad, reconocerlo como Dios, exaltar su nombre y hacer voz de sus actos poderosos, porque sólo Él tiene el poder para darnos vida:
"Digno eres, Señor y Dios nuestro, de recibir la gloria, la honra y el poder, porque tú creaste todas las cosas; por tu voluntad existen y fueron creadas" (Ap. 4: 11).

A menudo inicio mi tiempo a solas con Dios acompañado de música ungida de adoración cada vez que me dispongo a entrar en su presencia, le recomiendo a usted hacer lo mismo. Comience hoy, adore a Jesús en su iglesia, pero también adórele en la intimidad de su hogar, es fácil, aunque requiere tiempo. Levántese temprano, hágalo en la tarde o en la noche, usted elige el momento, pero pase tiempo adorando y exaltando el nombre de Jesús, construyendo el ecosistema celestial para una mayor manifestación de Dios sobre su vida.

Adore al Padre, adore al Hijo, adore al Espíritu Santo y prepárese para remontarse a las alturas de una vida llena de Dios, para transformar la atmósfera en su vida personal, en su hogar y dondequiera que se encuentre. ¡Libre y ferviente adoración! Adoración desesperada que derrama alabanza del corazón a los pies de Jesús, es la nube desde la cual desciende la lluvia del Espíritu Santo:

"*...ahora es, cuando los verdaderos adoradores adorarán al Padre en espíritu y en verdad; porque también el Padre tales adoradores busca que le adoren. Dios es Espíritu; y los que le adoran, en espíritu y en verdad es necesario que le adoren...*" (Jn. 4: 23-24).

"*... andad en amor, como también Cristo nos amó, y se entregó a sí mismo por nosotros, ofrenda y sacrificio a Dios en olor fragante... sed llenos del Espíritu, hablando entre vosotros con salmos, con himnos y con cánticos espirituales, cantando y alabando al Señor en vuestros corazones; dando siempre gracias por todo al Dios y Padre, en el nombre de nuestro Señor Jesucristo*" (Ef. 5: 2, 18-20).

El terreno para Su lluvia

¡Lo que le voy a decir ahora no es legalismo o doctrina de hombre! La palabra de Dios dice que Dios galardona a los que diligentemente lo buscan (Heb. 11: 6), recompensa en público a los que oran y ayunan (Mt. 6: 6, 17-18), da el Espíritu Santo a los que lo piden en oración apasionada (Lc. 11: 5-13) y fortalece y viste de su armadura a los que velan en la constante súplica:

"*fortaleceos en el Señor, y en el poder de su fuerza... Vestíos de toda la armadura de Dios... orando en todo tiempo con toda oración y súplica en el Espíritu, y velando en ello con toda perseverancia y súplica..."* (Ef. 6: 10-11,18).

"Pero tú, cuando ayunes, unge tu cabeza y lava tu rostro, para no mostrar a los hombres que ayunas, sino a tu Padre que está en secreto; y tu Padre que ve en lo secreto te recompensará en público" (Mt. 6: 17-18).

Junto con la adoración ferviente que ha reconocido e invitado al Espíritu Santo, la oración y el ayuno tienen el poder de quebrantar las corrientes espirituales que truncan nuestro progreso, para llevarnos más rápido a nuestro puerto de destino divino. La oración y el ayuno abonan el terreno donde la lluvia del Espíritu cae creando el "ecosistema terrenal" apropiado para la manifestación de su persona, de su poder, del conocimiento de su voluntad y de su guía:

"Entonces claman a Jehová en su angustia, Y los libra de sus aflicciones. Cambia la tempestad en sosiego, Y se apaciguan sus ondas. Luego se alegran, porque se apaciguaron; Y así los guía al puerto que deseaban" (Sal. 107: 28-30).

"Y volví mi rostro a Dios el Señor, buscándole en oración y ruego, en ayuno, silicio y ceniza... y derramaba mi ruego delante de Jehová... cuando el varón Gabriel... me hizo entender, y habló conmigo, diciendo: Daniel, ahora he salido para darte sabiduría y entendimiento" (Dn. 9: 3, 20-22).

"Todos éstos perseveraban unánimes en oración y ruego... Y de repente vino del cielo un estruendo como de un viento recio que soplaba... Y fueron todos llenos del Espíritu Santo..." (Hch. 1: 14; 2: 2-4).

Junto con la adoración, la oración y el ayuno doblegan y sacan de la vida de los hijos de Dios los poderes satánicos que ninguna actividad o esfuerzo humano pueden doblegar. Poderes de este mundo y estratagemas satánicas que no pueden ser destruidos de otra manera: *"Y les dijo: Este género con nada puede salir, sino con oración y ayuno"* (Mr. 9: 29).

La oración ferviente de un hijo de Dios puede levantar a los muertos (Hch. 9: 40), sanar a los enfermos (Stgo. 5: 14-16), formar a Cristo en otros (Gá. 4: 19), proteger al corazón y poner la mente ansiosa y turbada en el pensamiento de Cristo (Flp. 4: 6-7). Un cristiano que no ora y que no ayuna vive en inercia espiritual, aunque cree que está avanzando. En cambio, un cristiano que ora y que ayuna corre en el espíritu, avanza a su destino y su destino avanza hacia Él.

¿Cuánto debemos orar?

Una vez escuché en la radio cristiana que a Dios le basta con que oremos sólo cinco minutos, siempre y cuando lo hagamos sinceramente y de corazón. En otra ocasión escuché al pastor de una mega iglesia criticar a las personas que oran muchas horas, especialmente en las madrugadas.

También oí decir a un líder que no es bueno "empujar" a los miembros de la iglesia a una vida de oración. ¡Increíble, pero cierto!

Estoy seguro de que ese locutor nunca llega a su trabajo con su corazón puro a decirle a su jefe que sólo puede trabajar cinco minutos, pero que espera recibir su salario completo. ¿Bromeas? Fue lo que me dije cuando aquel pastor criticó a quienes oran mucho.

¡No hay nada mejor que pasar horas en la presencia de Dios! Créame, cuando Dios quiere terminar la audiencia sabe cómo hacerlo. Decirle a alguien que no ore mucho es un engaño de Satanás. ¿Cómo podemos tener una relación dinámica con Dios, dándole sólo cinco minutos de audiencia, y entonces, esperar todas sus recompensas? (Mt. 6: 6, 17-18).

¡Así como un hijo habla con su padre, el hijo de Dios debe desarrollar una constante vida de oración, siempre! Oramos hasta que descargamos el peso que sentimos, entonces volvemos a orar hasta que se manifieste la respuesta a las peticiones que hacemos. Pero también oramos porque tenemos una relación personal con Dios. Queremos vivir en consejo con Dios, porque Dios quiere entrar en consejo con nosotros. Queremos tener una conversación de dos vías con Dios, porque Dios, nuestro Padre, quiere hablar con sus hijos, siempre.

No debemos esconder la verdad, la palabra de Dios es clara acerca de la necesidad de la oración extensa y constante en la vida cristiana:

"*Velad y orad, para que no caigáis en tentación*" (Mt. 26: 41).

"*Orad sin cesar... porque esta es la voluntad de Dios para con vosotros en Cristo Jesús*" (1Tes. 5: 17-18).

"*Por nada estéis afanosos, sino sean conocidas vuestras peticiones delante de Dios en toda oración y ruego, con acción de gracias*" (Flp. 4: 6).

"*Exhorto, ante todo, a que se hagan rogativas, oraciones, peticiones y acciones de gracias, por todos los hombres...*" (1Ti. 2: 1).

"*Confesaos vuestras ofensas unos a otros, y orad unos por otros, para que seáis sanados. La oración eficaz del justo puede mucho*" (Stgo. 5: 18).

Al comentar sobre la escritura bíblica que dice, "*no tenéis lo que deseáis, porque no pedís*" (Stgo. 4: 2), en el libro titulado "*El Poder de la Oración,*"R. A. Torrey dice: "*Un mensaje de Dios es contenido en estas... palabras... que han transformado muchas vidas, y llevado muchos obreros ineficientes a un lugar de gran poder. Estas...palabras contienen la respuesta a la pobreza y a la falta de poder del cristiano promedio, del ministro promedio, de la iglesia promedio.*"

La oración y el ayuno ferviente, constante e incesante ¡proveen la tierra fértil sobre la cual la lluvia del Espíritu Santo cae, y es la respuesta a nuestros problemas inmovibles y a nuestra falta de progreso espiritual!

El destino de la oración

Reconocer e invitar al Espíritu Santo en un estilo de vida de adoración, de oración y de ayuno, propicia la atmósfera en la que el Espíritu se revela. Pero tanto la adoración como la oración tienen un destino aún más transcendental, convertirse en comunión con el Padre, ¡incesante comunión y comunicación sin cesar con el Padre celestial! No importa dónde estamos, no importa lo que estemos haciendo, la adoración y la oración convergen en la persona del Espíritu Santo, y en Él, la desconexión de Dios en la vida cotidiana desaparece tragada por constante interacción divina:

"Y oyeron la voz de Jehová Dios que se paseaba en el huerto, al aire del día..." (Gn. 3: 8).

"Oh Jehová, tú me has examinado y conocido. Tú has conocido mi sentarme y mi levantarme; Has entendido desde lejos mis pensamientos. Has escudriñado mi andar y mi reposo, Y todos mis caminos te son conocidos. Pues aún no está la palabra en mi lengua, Y he aquí, oh Jehová, tú la sabes toda. Detrás y delante me rodeaste, Y sobre mí pusiste tu mano... ¿A dónde me iré de tu Espíritu? ¿Y a dónde huiré de tu presencia?" (Sal. 139: 1-8).

"Estad siempre gozosos. Orad sin cesar. Dad gracias en todo, porque esta es la voluntad de Dios para con vosotros en Cristo Jesús" (1Tes. 5: 17).

Para conocer al Espíritu Santo y para tener una relación transformadora con Él, es necesario estar convencidos de la realidad de su divina persona, además es indispensable invitarlo (Ro. 8: 14; 1Co. 2: 12). Es necesario desarrollar una vida de adoración y de búsqueda de su presencia en privado y en una iglesia apropiada (Ef. 5: 2, 18-20). Y así continuar en una búsqueda de oración intensa hasta que su venida se convierta en comunión continua e incesante:

"Le contestó Jesús: El que me ama, obedecerá mi palabra, y mi Padre lo amará, y haremos nuestra vivienda en él... La gracia del Señor Jesucristo, el amor de Dios, y la comunión del Espíritu Santo sean con todos vosotros... si alguno oye mi voz y abre la puerta, entraré a él, y cenaré con él, y él conmigo (Jn. 14: 23; 2Co. 13: 14; Ap. 3: 20).

Muchos cristianos, sin embargo, no entienden este destino transcendental de la comunicación con Dios, y tan pronto oran y se descargan, después de que adoran y sienten alivio se levantan y se retiran a los quehaceres para volver la próxima vez que se sienten cargados, y hasta entonces no escuchan la voz de Dios más allá de las experiencias esporádicas.

Pero la oración que cumple su destino es absorbida en la comunión sin cesar con el Espíritu Santo (2Co. 13: 14). Esta es la razón por la cual el Espíritu Santo no me dejó orar más, el día en que el Señor Jesús me ordenó predicar su Palabra.

-¡*Deja de Orar y Vete a predicar*! –Me dijo con voz comandante.

Yo no quería dejar la gloria sobrenatural en la que había estado e inocentemente quise sustituir la comunión constante con la experiencia esporádica, pero ya no tenía que estar de rodillas ocho horas por día para hablar con Dios porque su comunión constante se había convertido en oración sin cesar, era guiado por el Espíritu Santo todo el día (Ro. 8: 14).

El Espíritu Santo siempre nos llevará al closet de la adoración y de la oración extensa, pero no para vivir dentro del closet. Su voluntad es empoderarnos con su unción para una vida completamente productiva. Entonces, cuando recibimos su comunión, adoramos y oramos a tiempo (en el closet) y fuera de tiempo (todo el día).

¡El Espíritu Santo está esperando por usted para convertir su adoración y su oración en comunión dinámica! (Ro. 8: 26-28, 37; 1Co. 2: 9-13).

Saque tiempo para adorar, saque tiempo para orar. Saque tiempo para ayunar. Mientras más tiempo en adoración, en oración y en ayuno, más del Espíritu. Y mientras más tiempo con el Espíritu, más comunión.

La divisa del Espíritu

¡Tiempo! El tiempo de Dios ha sido robado y un incontable número de cristianos en todo el mundo están pagando un alto precio por ello. Los hijos de Dios están espiritualmente enfermos, físicamente estropeados, llenos de traumas y de dolores emocionales de los que no son sanados, ni siquiera en la iglesia. Muchos están perdiendo sus familias en el mundo, sin Dios y sin esperanza porque no pasan tiempo de calidad con Dios.

Una vez escuché un mensaje sobre la persona del Espíritu Santo predicado por el reconocido mega pastor, el Dr. Robert Morris. Mi Esposa Mireya, y yo, a menudo visitamos la iglesia Gateway en la ciudad de South Lake, Texas, y durante la predicación en esa ocasión en particular, escuché al Señor decir a mi espíritu:
- *Escribe en el libro, quiero que mi pueblo me devuelva mi tiempo.* –El mensaje fue muy claro.

Hoy día los hijos de Dios tenemos tiempo para las innovaciones tecnológicas, pero no tenemos tiempo para Dios. Hasta el tiempo de la adoración en la iglesia está medido perfectamente. Y el tiempo a solas con Dios en los hogares es un pensamiento remoto.

Sí, la fe en la vida cristiana es importante, es en esta intercesión: en la esquina de nuestra auto suficiencia que produce pan con dolores (Gn. 3: 18), y la calle angosta de la total dependencia en Dios, el dueño del oro y de la plata, y quien puede y quiere dar a sus hijos más de lo que podemos ganar sin el poder del Espíritu Santo (Dt. 8: 18; Pr. 10: 22; Hag. 2: 8; Mt. 5: 33; Mr. 10: 30; Jn. 16: 33; Ef. 3:20).

El alma que está atada a la calle del afán y que no da un paso de fe en cuanto al tiempo con Dios, sin embargo, aunque desee a Cristo genuinamente, encuentra imposible rendirse (Mt. 7: 14; 11: 12; Lc. 9: 23, 62). Pero es exactamente en ese "valle de la fe," donde Dios vierte sus más grandes bendiciones, las bendiciones del derramamiento transformador y próspero del Espíritu Santo.

Con Él, el trabajo en la vida cristiana retorna al Jardín descansado, donde el sonido del afán ha sido sustituido por su apacible voz y guía, en un tabernáculo iluminado por su luz, en el lugar secreto del tiempo con Dios:

"*Más tú, cuando ores, entra en tu aposento, y cerrada la puerta, ora a tu Padre que está en secreto; y tu Padre que ve en lo secreto te recompensará en público*" (Mt. 6: 6).

"… *Mas él se apartaba a lugares desiertos, y oraba*" (Lc. 5: 16).

"Jehová es mi pastor; nada me faltará. En lugares de delicados pastos me hará descansar; junto a aguas de reposo me pastoreará. Confortará mi alma; me guiará por sendas de justicia por amor de su nombre. Aunque ande en valle de sombra de muerte, no temeré mal alguno, porque tú estarás conmigo; tu vara y tu cayado me infundirán aliento. Aderezas mesa delante de mí en presencia de mis angustiadores; unges mi cabeza con aceite; mi copa está rebosando. Ciertamente el bien y la misericordia me seguirán todos los días de mi vida, y en la casa de Jehová moraré por largos días" (Sal. 23).

"Más buscad primeramente el reino de Dios y su justicia, y todas estas cosas os serán añadidas. Así que, no os afanéis por el día de mañana..." (Mt. 6: 33-34).

La persona que reconoce al Espíritu Santo, que lo invita y que lo adora; el alma que lo pide en oración y en adoración constante, recibe su derramamiento y su empoderamiento (Lc. 11: 10). Y cuando el Espíritu Santo se revela, también es revelada la vida que sigue a Jesús y su divina voluntad (Ef. 2: 10; Col. 3: 1; Heb. 12: 1-2). Pero sólo un corazón rendido y dispuesto a invertir en el tiempo y en el espacio necesarios, puede llegar a ese destino: *"Porque todos los que son guiados por el Espíritu de Dios, éstos son hijos de Dios"* (Ro. 8: 14).

"Entonces Jesús fue llevado por el Espíritu al desierto para ser tentado por el diablo" (Mt. 4: 1).

"Entonces Jesús dijo a sus discípulos: Si alguno quiere venir en pos de mí, niéguese a sí mismo, y tome su cruz, y sígame" (Mt. 16: 24).

"De cierto, de cierto te digo: Cuando eras más joven, te ceñías, e ibas a donde querías; más cuando ya seas viejo, extenderás tus manos, y te ceñirá otro, y te llevará a donde no quieras" (Jn. 21: 18).

Dios quiere que todos sus hijos tengan un encuentro personal con el Espíritu Santo porque Jesús dijo: *"...Os conviene que yo me vaya; porque si no me fuera, el Consolador no vendría a vosotros; más si me fuere, os lo enviaré"* (Jn. 16: 7).

Pero el Espíritu Santo es la persona más callada del universo cuando no lo incluimos más allá del culto en la iglesia. Nos guía con profundidad y con claridad cuando tenemos una relación cotidiana con Él, pero de igual profundidad es su silencio cuando está contristado. Hasta que lo invitamos como hacemos con las personas con las que verdaderamente deseamos pasar tiempo, entonces se da a conocer.

Fue lo que hice al invitarlo esa noche a aquel sótano frío, y las repercusiones han sido maravillosas. Por las incontables horas que he pasado en adoración, en oración y en comunión con Él, por los días de ayunos, los largos y los cortos, no he perdido nada, por el contrario, he ganado en todos los sentidos, y de la misma manera lo será para quienes lo invitan y toman tiempo para estar con Él.

La voluntad de Dios a través del Espíritu Santo es llenarnos del conocimiento de su voluntad en toda sabiduría e inteligencia espiritual para caminar como es digno del Señor, agradándole en todo, llevando fruto en toda buena obra y creciendo en Su conocimiento.

El Espíritu Santo quiere fortalecernos con todo poder, conforme a la potencia de Su gloria para toda paciencia y longanimidad. Llenarnos del gozo de Señor, por el cual damos gracias al Padre que nos hizo aptos para participar de la herencia de los Santos en luz. Porque Él nos ha librado de la potestad de las tinieblas y nos ha trasladado al reino de su amado Hijo, en quien tenemos redención y el perdón de los pecados por su sangre (Col. 1: 9-14).

El Espíritu Santo fue enviado por el Padre y por el Hijo para vivir en nosotros, para guiarnos en la vida cristiana y para empoderarnos hacia un destino divino más allá del que podemos imaginar (1Co. 2: 9-10,12; Ef. 2: 10). Pero si no le reconocemos ni interactuamos con Él, si lo ignoramos todo el día, nunca nos daremos cuenta de que su maravillosa presencia y su poder han estado enteramente a nuestra disposición. Él nunca nos deja (Mt. 28: 20; 2Co. 3: 17), pero es posible vivir la vida sin Él. Dios nos ha dado el tiempo necesario para hacerlo todo, incluso para estar con Él y sólo con Él. Saquemos tiempo para Dios y Dios nos dará el mejor tiempo de nuestras vidas:

"Sino acuérdate de Jehová tu Dios, porque él te da el poder para hacer las riquezas, a fin de confirmar su pacto que juró a tus padres, como en este día" (Dt. 8: 18).

"... esfuérzate también... y cobrad ánimo, pueblo todo de la tierra, dice Jehová, y trabajad; porque yo estoy con vosotros, dice Jehová de los ejércitos... y vendrá el Deseado de todas las naciones; y llenaré de gloria esta casa... Mía es la plata, y mío es el oro, dice Jehová de los ejércitos. La gloria postrera de esta casa será mayor que la primera, ha dicho Jehová de los ejércitos; y daré paz en este lugar, dice Jehová de los ejércitos" (Hag. 2: 1-9).

"Pero sin fe es imposible agradar a Dios; porque es necesario que el que se acerca a Dios crea que le halla, y que es galardonador de los que le buscan" (Heb. 11: 6).

"Más tú, cuando ores, entra en tu aposento, y cerrada la puerta, ora a tu Padre que está en secreto; y tu Padre que ve en lo secreto te recompensará en público" (Mt. 6: 6).

"Pero tú, cuando ayunes, unge tu cabeza y lava tu rostro... y tu Padre que ve en lo secreto te recompensará en público" (Mt. 6: 17-18).

"Respondió Jesús y dijo: De cierto os digo que no hay ninguno que haya dejado casa, o hermanos, o hermanas, o padre, o madre, o mujer, o hijos, o tierras, por causa de mí y del evangelio, que no reciba cien veces más ahora en este tiempo; casas, hermanos, hermanas, madres, hijos, y tierras,

con persecuciones; y en el siglo venidero la vida eterna. Pero muchos primeros serán postreros, y los postreros, primeros" (Mr. 10: 29-30).

CAPÍTULO SIETE
INTIMIDAD AL EXTREMO

"Como el ciervo brama por las corrientes de las aguas, Así clama por ti, oh Dios, el alma mía. Mi alma tiene sed de Dios, del Dios vivo; ¿Cuándo vendré, y me presentaré delante de Dios? Espera en Dios. . . Un abismo llama a otro a la voz de tus cascadas; Todas tus ondas y tus olas han pasado sobre mí" (Sal. 42: 1-2, 5, 7).

A decir verdad, la experiencia con el Espíritu de la que he hablado hasta ahora es sólo el principio. Es un pequeño edén dentro de un universo de intimidad con Dios que podemos realizar, y en donde nos espera un mayor destino:

"Un abismo llama a otro a la voz de tus cascadas; Todas tus ondas y tus olas han pasado sobre mí" (Sal. 42: 7).

"Antes bien, como está escrito: Cosas que ojo no vio, ni oído oyó, Ni han subido en corazón de hombre, son las que Dios ha preparado para los que le aman" (1Co. 2: 9).

Hay, sin embargo, quienes sólo siguen al Espíritu desde los quehaceres de la vida natural al atrio de experiencias espirituales limitadas. Algunos siguen al Espíritu a lugares más profundos tras cierto desprendimiento personal adicional. Pero hay quienes tienen más hambre de Dios y, como en el caso de Moisés, no quedan satisfechos con las experiencias de la liberación de Egipto, con el paso del mar en seco o con las poderosas manifestaciones en el monte. ¡El que tenga oído, oiga!

Hablo de los que no se conforman y descubren que cada encuentro con Dios es la puerta de otro, cada manifestación la oportunidad de otra, y cada palabra que recibimos de Él, una oración en su extensa carta de amor:

"Todo el pueblo observaba el estruendo y los relámpagos, y el sonido de la bocina, y el monte que humeaba... el pueblo estuvo a lo lejos, y Moisés se acercó a la oscuridad en la cual estaba Dios" (Ex. 20: 18, 21).

"Y cuando la gente veía que la columna de nube se detenía a la entrada de la tienda, cada uno se arrodillaba a la entrada de su propia tienda en actitud de adoración. Dios hablaba con Moisés cara a cara, como quien habla con un amigo, y después Moisés regresaba al campamento" (Ex. 33: 10-11).

-¡Déjame ver tu gloria! —suplicó Moisés" (Ex. 33: 18).

Junto al mar, en el mar, dentro de mar

"Si usted se cae al mar, y si ese mar fuese infinito, usted estaría sumergiéndose de profundidad en profundidad por toda la eternidad. Así es que acontece con un cristiano que está en ese lugar de habitar continuo. Ni siquiera está al tanto de su descenso, y, sin embargo, se hunde con inconcebible rapidez al más profundo interior de Dios" (Jeanne Guyon, 1648-1717).

Comparo esta ascendencia a lugares más íntimos en Dios con una persona que entra en la orilla del mar para mojarse los pies. Se puede ir después de mojarse, pero si entra en el mar, si se rinde a la marea, es absorbida por el agua. Cuando sale del mar está enteramente mojada, y lleva sobre sí las propiedades del agua hasta que se seca. Entonces vuelve para sumergirse de nuevo. De la misma manera, el Espíritu Santo quiere que nos rindamos a su guía para llevarnos a un mayor conocimiento del Padre. Es ahí donde podemos experimentar más profundidades desconocidas en Dios. Entonces, al salir al mundo mojados por su gloria, podemos salpicar a otros.

"Estad quietos, y conoced que yo soy Dios; Seré exaltado entre las naciones; enaltecido seré en la tierra" (Sal. 46: 10).

"Porque así dijo Jehová el Señor, el Santo de Israel: En descanso y en reposo seréis salvos; en quietud y en confianza será vuestra fortaleza" (Is. 30: 15).

"Pacientemente esperé a Jehová, Y se inclinó a mí, y oyó mi clamor. Y me hizo sacar del pozo de la desesperación, del lodo cenagoso; puso mis pies sobre peña, y enderezó mis pasos. Puso luego en mi boca cántico nuevo, alabanza a nuestro Dios. Verán esto muchos, y temerán, y confiarán en Jehová" (Sal. 40: 1-3).

¿Alguna vez ha entrado en su espíritu para encontrarse con Dios? Muchos hijos de Dios no saben cómo hacerlo.

"Sin embargo, hablamos sabiduría entre los que han alcanzado madurez... sabiduría de Dios en misterio, la sabiduría oculta, la cual Dios predestinó antes de los siglos para nuestra gloria... Cosas que ojo no vio, ni oído oyó, ni han subido en corazón de hombre... las que Dios ha preparado para los que le aman. Pero Dios nos las reveló a nosotros por el Espíritu; porque el Espíritu todo lo escudriña, aun lo profundo de Dios... Para que sepamos lo que Dios nos ha concedido" (1Co. 2: 6-12).

Hablo de ser absorbidos a lo profundo de Dios por el Espíritu en nuestro espíritu redimido por la sangre de Cristo. Es una experiencia más allá de lo que podemos concebir en lo natural (Sal. 19: 1). Pero es en el espíritu en donde Dios ha hecho morada, en donde Él es mejor conocido:

"*Porque ¿quién de los hombres sabe las cosas del hombre, sino el espíritu del hombre que está en él? Así tampoco nadie conoció las cosas de Dios, sino el Espíritu de Dios*" (1Co. 2: 11).

Pablo nos dice que el espíritu humano "conoce," es decir, tiene íntima relación con los asuntos del espíritu humano. Por lo tanto, el estado natural del espíritu nacido de nuevo es tener intimidad con Dios, porque Dios vive en el espíritu de sus hijos:

"*Respondió Jesús y le dijo: El que me ama, mi palabra guardará; y mi Padre le amará, y vendremos a él, y haremos morada con él*" (Jn. 14: 23).

"*... a quienes Dios quiso dar a conocer las riquezas de la gloria... que es Cristo en vosotros, la esperanza de gloria*" (Col. 1: 27).

¿*O ignoráis que vuestro cuerpo es templo del Espíritu Santo? ...glorificad, pues, a Dios en vuestro cuerpo y en vuestro espíritu, los cuales son de Dios*" (1Co. 6: 19-20).

Con el Espíritu Santo podemos experimentar a Dios en la vida cotidiana. Lo adoramos, oramos y tenemos comunión con Él. Pero es en la profunda alcoba de nuestro espíritu humano en donde nos espera una más transformadora experiencia, porque "*Lámpara de Jehová es el espíritu del hombre*" (Pr. 20: 27).

Recuerde esto siempre: la función principal natural del espíritu redimido por Jesús es conocer a Dios (1Co. 2: 11). Al recibir Su persona, el espíritu redimido puede discernir, juzgar (1Co. 2: 15), y ser lámpara de Dios para todo el ser (Pr. 20: 27). Es posible, por otro lado, tener a Dios y estar ajenos a esta experiencia (1Co. 14: 14). Esta es la razón por la cual muchos cristianos deambulan en el valle de la ceguera espiritual, todavía atados a pecados cíclicos y a falta de crecimiento. Han recibido a Jesús como salvador, pero no conocen al salvador que vive en ellos.

Eliminar esa perdida, por lo tanto, es el objetivo de esta experiencia que transciende la devoción superficial; la experiencia de ser guiados por el Espíritu Santo a su morada en nuestro espíritu:

"*Antes bien, como está escrito: Cosas que ojo no vio, ni oído oyó, Ni han subido en corazón de hombre, Son las que Dios ha preparado para los que le aman. Pero Dios nos las reveló a nosotros por el Espíritu; porque el Espíritu todo lo escudriña, aun lo profundo de Dios. Porque ¿quién de los hombres sabe las cosas del hombre, sino el espíritu del hombre que está en él? Así tampoco nadie conoció las cosas de Dios, sino el Espíritu de Dios. Y nosotros no hemos recibido el espíritu del mundo, sino el Espíritu que proviene de Dios, para que sepamos lo que Dios nos ha concedido, lo cual también hablamos, no con palabras enseñadas por sabiduría humana, sino con las que enseña el Espíritu, acomodando lo espiritual a lo espiritual. Pero el hombre natural no percibe las cosas que son del Espíritu de Dios, porque para él son locura, y no las puede entender, porque se han de discernir espiritualmente. En cambio, el espiritual juzga todas las cosas; pero él no es juzgado de nadie. Porque ¿quién conoció la mente del Señor? ¿Quién le instruirá? Mas nosotros tenemos la mente de Cristo"* (1Co. 2: 9-16).

La Biblia nos dice que nuestra verdadera vida está escondida con Cristo en Dios (Col. 1: 3). ¿Dónde? En el espíritu humano donde Dios ha construido su morada en nosotros (Jn. 14: 23; 1Co. 6: 19). Otra vez, somos absorbidos a esa profundidad cuando practicamos el visitar a Dios en nuestro espíritu, cuando hacemos de esa práctica un estilo de vida.

¿Cuál es la diferencia?

En la devoción regular, vamos a Dios en nuestro tiempo, pero en el visitar a Dios en el espíritu, Dios controla el acceso. El viene a nosotros en su tiempo. Entonces, como las olas del mar, nos adentra a sus profundidades.

En la devoción regular Dios espera por nosotros hasta que decidimos adorar y orar. En la comunión más íntima, nosotros esperamos por Él hasta que decide tocarnos. En nuestra vida de devoción regular a Dios, hacemos que Dios nos espere, a veces mucho, a veces poco, depende de cuan ocupados estamos. Pero en el abismo más profundo, Dios controla nuestro tiempo.

Cuando el Espíritu Santo vino a visitarme, Él esperaba por mí. Esperaba que me despertase en las mañanas, esperaba a que llegase de la escuela, siempre esperaba que terminase mis quehaceres cotidianos. Teníamos comunión todo el día, pero siempre esperaba que estuviese a solas buscando al Señor. Entonces tomaba el control del resto de mi día para llevarme a momentos más dinámicos. ¡Este es el camino del que hablo!

Vamos en esa dirección cuando sacamos tiempo para buscar a Dios en quietud después de adorar y de orar hasta que estamos satisfechos. Ya hemos descargado todas nuestras ansiedades sobre Él y experimentamos plena confianza de haber sido escuchados. Entonces nos quedamos ahí y buscamos a Dios hasta que Dios viene. Cuando se manifiesta, derrama su amor sobre nosotros y nos da su sustancia (1Co. 2: 9-19).

En esa búsqueda de Dios más allá de nuestras necesidades, cuando a quien queremos es a su persona y no sus bendiciones, de repente el alma es absorbida hacia Él. Es tan real que casi lo podemos ver. Así como el agua del mar se convierte en vapor absorbido en la atmósfera para ser agua otra vez, el alma es desprendida de la vida natural, absorbida por el espíritu donde encontramos al creador del universo.

Nada alimenta la vida del hijo de Dios como ese momento de realidad espiritual en su presencia. Nada garantiza la dirección perfecta de Dios en la vida cristiana como un encuentro con Dios en el espíritu, porque es en ese encuentro íntimo donde su presencia es a la vez palabra viva, personal y eficaz (Sal. 119: 105; Mt. 6: 11,13; Heb. 4: 12).

Podemos leer la Biblia todos los días y no recibir la clase de dirección de Dios que sopla nuestro barco hacia nuestro destino divino. Pero cuando conocemos al Padre y al Hijo en el espíritu por medio del Espíritu Santo, somos catapultados al puerto más divino. Tan pronto como la audiencia divina concluye, el alma es otra vez guiada a una vida cotidiana transformada, completamente alimentada, llena de dirección y capaz de impactar multitudes de vidas con el amor de Dios. El ministerio verdadero es fruto de la sustancia de Dios que resulta de este tipo de vida devocional, cuando el cuerpo mismo es físicamente vivificado para la victoria segura en la batalla del día (Ro. 8: 11; Heb. 4: 12).

Para el cuerpo físico, el entrar del alma en el espíritu para estar con Dios, es como recibir una inyección de vida eterna que se puede sentir durante todo el día, a veces durante semanas. Ello se debe a que la experiencia espiritual con Dios tiene consecuencias biológicas. Nada en la tierra puede dar vida al cuerpo y a todo el ser, como cuando el alma se une al espíritu en los ríos de Dios (Mt. 6: 6; 11: 28; Jn. 7: 37-39). Dios, sin embargo, no permite que esa clase de inyección espiritual dure permanentemente ¡para que tengamos la necesidad de volver, a solas!

Estad quietos

"*Clama a mí, y yo te responderé, y te enseñaré cosas grandes y ocultas que tú no conoces*" (Jer. 33: 3).

"*¿No has sabido, no has oído que el Dios eterno es Jehová, el cual creó los confines de la tierra? No desfallece, ni se fatiga con cansancio, y su entendimiento no hay quien lo alcance. El da esfuerzo al cansado, y multiplica las fuerzas al que no tiene ningunas. Los muchachos se fatigan y se cansan, los jóvenes flaquean y caen; pero los que esperan a Jehová tendrán nuevas fuerzas; levantarán alas como las águilas; correrán, y no se cansarán; caminarán, y no se fatigarán*" (Is. 40: 28-31).

Recuerde, cuando hablo de entrar en la recámara de Dios en el espíritu, no me refiero a una experiencia del tercer cielo. Hablo de la práctica de visitar a Dios en nuestro espíritu por medio de esperar en quietud bíblica. Dios habita en nosotros porque Su palabra dice que somos Su templo (1Co. 6: 19). Pablo también nos dice que el espíritu del hombre conoce lo que está en el espíritu del hombre, por lo tanto, la función normal de nuestro espíritu es conocer a Dios quien habita en nuestro espíritu (1Co. 2: 11). Somos la residencia más íntima de Dios en la historia (1Co. 2: 12).

Es ahí en donde nuestra alma y nuestro cuerpo son fortalecidos con todo poder, en el hombre interior (Ef. 3: 16). Es desde donde emanan los ríos que iluminan la Palabra de Dios que conocemos para cada aspecto de nuestras vidas (Pr. 20: 27; Sal. 119: 105). Por lo tanto, debemos aprender cómo visitar a Dios en el espíritu (Gá. 5: 16).

Ahora, la presencia de la persona del Espíritu Santo hace de la salvación una experiencia tanto interior como exterior y este balance es importante para la vida cristiana victoriosa. Experimentamos a Dios en la vida cotidiana y en la iglesia (Sal. 19: 1-4; Ro. 1: 20; 1Co. 12: 7), pero también en la separación de las cosas cotidianas (Jn. 4: 24; Flp. 3: 3). En un mundo cristiano que a veces busca más de Dios en lo exterior, el Espíritu llama a sus hijos a la intimidad con Él en el espíritu.

"... *el hombre natural no percibe las cosas que son del Espíritu de Dios... porque se han de discernir espiritualmente*" (1Co. 2: 14).

"*El que habita en el lugar secreto del altísimo, morara bajo la sombra del omnipotente*" (Sal. 91: 1).

Es importante, por consiguiente, desear ese encuentro íntimo. Debemos invitar al Espíritu Santo a ser nuestro guía y estar dispuestos a romper con el afán para venir a Dios a solas más allá de la devoción regular, y por encima de nuestras necesidades cotidianas. Entonces, el próximo paso es estar quietos.

"Estad quietos, y conoced que yo soy Dios; Seré exaltado entre las naciones; enaltecido seré en la tierra" (Is. 46: 10).

"Porque así dijo Jehová el Señor, el Santo de Israel: En descanso y en reposo seréis salvos; en quietud y en confianza será vuestra fortaleza" (Is. 30: 15).

La función natural del alma redimida por la sangre de Cristo Jesús es gravitar hacia Dios. Jesús dijo: *"a todos atraeré a mí mismo."* Y también mencionó: *"os tomaré a mí mismo..."* (Jn. 14: 3).

Si usted pudiese tomar su alma en sus propias manos y entonces la dejase libre, su alma gravitaría por sí misma hacia Jesús (Sal. 91: 1; Ec. 12: 7; Jn. 15: 4; 2Co. 5: 8; Col. 1: 20). De la misma manera, el afán de esta vida impide que el alma sea atraída hacia Dios en el ser interior, hasta que es nuevamente guiada a un encuentro íntimo, vivo y eficaz con Él (1Co. 6: 19; Ef. 2: 22).

¿Qué significa estar quietos? Es la costumbre de temporalmente separar el alma de las cosas de esta vida para que pueda estar unida al espíritu. En este nivel, las necesidades humanas desaparecen, y aun las circunstancias negativas por las que podemos estar pasando pierden presencia. Muchos cristianos hoy día, sin embargo, están divididos en el interior. Están llenos de Dios en el espíritu y llenos del mundo en sus mentes y emociones, por lo tanto, siempre vienen a Dios necesitados.

Bajo esa realidad, el alma constantemente viaja por los canales dolorosos de los traumas de la vida, y nunca llega a su destino más importante. ¿Por qué no pueden ser uno en Dios en el interior? Porque no son guiados por el Espíritu Santo, y no tienen una vida espiritual adecuada. Nunca llegan a la paz interior, a la sanidad completa. Solamente el Espíritu Santo puede cambiar esto. Y cuando por medio de su guía aprendemos a estar satisfechos en todas las circunstancias, damos normalidad al alma. La dejamos gravitar al espíritu en donde también se une al Señor. Allí, escucha la voz de sus cascadas y encuentra verdadera libertad, verdadera limpieza, verdadera sanidad, verdadera intimidad con Cristo:

"… si alguno oye mi voz y abre la puerta, entraré a él, y cenaré con él, y él conmigo" (Ap. 3: 20).

"El que me ama, mi palabra guardará; y mi Padre le amará, y vendremos a él, y haremos morada con él" (Jn. 14: 23).

Esta quietud bíblica, para ser claro, no es meditación transcendental. No es poner la mente en blanco. Es el resultado de una vida adiestrada por el Espíritu Santo. Cuando habitualmente practicamos devoción a Dios, en público y en privado; cuando hemos tomado el control de nuestro tiempo de manera que damos a Dios y a su reino el apropiado lugar en nuestras vidas, entonces podemos experimentar a Dios en el espíritu. Es posible lograrlo, es posible sacar tiempo para adorar, tiempo para orar, tiempo para esperar, tiempo para estar quietos en cuerpo, pensamientos y emociones. No tenemos que separar tiempo para la comunión del Espíritu Santo porque la comunión del Espíritu es todo el día y toda la noche, hasta cuando dormimos. Así que, cuando cerramos la puerta para estar a solas con Dios, cuando hemos adorado y cuando hemos orado; cuando estamos descargados de todo afán, venimos a esperar en Dios. Entonces vamos más profundo, a la práctica de someter la mente y las emociones a la obediencia a Cristo (2Co. 10: 5). Desde allí, el Espíritu Santo nos lleva a la próxima profundidad.

Conoced

Conocemos a Dios por medio de su Palabra y de meditar en ella para unir nuestros pensamientos, nuestras emociones y nuestras acciones al Espíritu Santo (Sal. 46: 10; Is. 26: 3). Llevamos toda nuestra atención a las escrituras y, pausadamente, meditamos en ellas. Meditamos en Dios, sobre lo que Él hace, sobre lo que Él piensa y sobre lo que Él dice. En este proceso bajo la unción del Espíritu Santo, de repente, La Palabra de Dios comienza a tocar nuestra alma con sus ondas y pausamos para meditar en esa palabra específica que ha tocado el corazón. Cada vez que una onda de La Palabra de Dios que estamos leyendo o escuchando nos toca, el alma comienza a ver lo que el espíritu ve. De repente, la palabra deja de ser texto, y se convierte en fuente de vida. Como la Palabra de Dios es Espíritu (Jn. 6: 63), en ese momento dos abismos son abiertos. El Espíritu de la Palabra de Dios que estamos leyendo o escuchando une la mente y las emociones a nuestro espíritu que está unido al Señor (1Co. 6: 17). Entonces, todo nuestro ser completamente integrado al espíritu en mente, emociones, alma, y cuerpo, obtiene una visión fresca de Dios y de su voluntad para la temporada específica en la que estemos. Recibimos nuestro pan de cada día.

"Un abismo llama a otro a la voz de tus cascadas..." (Sal. 42: 7-8).

"Yo soy el Alfa y la Omega, el principio y el fin. Al que tuviere sed, yo le daré gratuitamente de la fuente del agua de la vida. El que venciere heredará todas las cosas..." (Ap. 21: 6-7).

De repente, un absorber de la conciencia al mundo espiritual de Dios toma lugar. Todo esto puede ocurrir en segundos o en horas que parecen segundos. La meditación en la Palabra de Dios, sin embargo, es clave, porque en la paciente quietud de alimentar mente y emociones con las sagradas escrituras, también somos limpiados, transformados y guiados (Sal. 119: 9; Jn. 15: 7).

Hay más que me gustaría decir al respecto de esa intimidad con el Espíritu Santo, pero viajar con Él de estación en estación, de abismo espiritual en abismo espiritual, es la experiencia más sublime. La vida cotidiana que es llena de este habitar en Dios es más productiva y feliz.

CAPÍTULO OCHO

HACIA UN DESTINO MAYOR

"Porque yo sé los pensamientos que tengo acerca de vosotros, dice Jehová, pensamientos de paz, y no de mal, para daros el fin que esperáis. . . Entonces tus oídos oirán a tus espaldas palabra que diga: Este es el camino, andad por él. . . Y nosotros no hemos recibido el espíritu del mundo, sino el Espíritu que proviene de Dios, para que sepamos lo que Dios nos ha concedido"(Jer. 29: 11; Is. 31: 21; 1Co. 2: 12).

Todo fue exactamente como el Espíritu Santo me lo mostró en visión. Las escaleras colgantes de la cafetería, el centro de postgrado con sus diseños fuera de este mundo, el dormitorio donde me alojaría, incluso, mi primer compañero de cuarto. El Espíritu Santo no perdió un detalle.

Nunca había estado allí, pero cuando llegué al campus de la Universidad Oral Roberts (ORU) el domingo 11 de agosto de 1996, ya lo había visto. Como dice el apóstol Pablo, en el plan perfecto de Dios, incluso los lugares donde vamos a habitar están predeterminados:

"*De un hombre hizo todas las naciones, para que habitasen en toda la tierra, y señaló los tiempos señalados en la historia y los límites de sus tierras*" (Hch. 17: 26).

Las escrituras también nos dicen:

"*Porque yo sé los pensamientos que tengo acerca de vosotros, dice Jehová, pensamientos de paz, y no de mal, para daros el fin que esperáis. . . Entonces tus oídos oirán a tus espaldas palabra que diga: Este es el camino, andad por él. . . Y nosotros no hemos recibido el espíritu del mundo, sino el Espíritu que proviene de Dios, para que sepamos lo que Dios nos ha concedido*"(Jer. 29: 11; Is. 31: 21; 1Co. 2: 12).

Una nueva temporada había comenzado para mí, en una nueva atmósfera. El Señor me llevó a ORU a estudiar para ser ministro, pero también a sumergirme en una escuela del Espíritu Santo que me llevaría a experiencias que necesitaba, a su disciplina y, a veces, a sus severos juicios de amor. Mi obediencia a la guía del Espíritu Santo durante ese tiempo determinaría, literalmente, mi futuro.

Tomaba los cursos en el Centro de Graduados, entonces me dirigía a mi primer trabajo como custodio en el famoso auditorio universitario "Mabee Center." ¡Limpiar los baños y sacar la basura del auditorio durante esos primeros años fue el trabajo perfecto! Disfrutaba de los poderosos eventos con los más famosos ministerios que visitaban el auditorio. Los domingos preparaba la arena para los ungidos servicios del reconocido pastor Billy Joe Daugherty, y siempre tenía la oportunidad de escaparme para orar a solas en algún rincón del edificio. Fue durante uno de esos momentos de oración, una soleada tarde, dentro de un cuarto de mantenimiento lleno de bolsas de basura, de papel higiénico y de detergentes, que el Espíritu Santo volvió a visitarme. Ese día recibí una demostración visual de su plan para mi vida durante las siguientes décadas.

Estaba en el espíritu cuando, de repente, en la visión vi al Dr. Oral Roberts pararse frente a mí. Se veía alto e imponente, con cabello blanco y con un rostro que reflejaba su edad de ese preciso momento. Puso sus manos sobre mis mejillas e inclinó su cabeza hacia mí hasta que su frente tocó la mía. Mientras me miraba con ojos que parecían iluminados por el fuego, en lo que pareció un instante, su cara desgastada por la edad se transformó en la del joven y vibrante evangelista que impactó la vida de millones de personas con sus cruzadas de sanidades y de milagros, que comenzaron en la década de los cuarenta. El Espíritu Santo me estaba mostrando que en mi destino después de Grand Rapids, Dios quería que pasara por una temporada de educación cristiana y de entrenamiento teológico en la Universidad Oral Roberts (ORU) antes de lanzarme a evangelizar con señales y prodigios. Sin esa educación habría ingresado al ministerio y, seguramente, habría cometido serios errores, tanto a nivel personal como a nivel público. Hasta esa temporada, aparte de las clases de la escuela dominical, no había tenido una educación teológica sólida. De hecho, durante años, incluso después de aceptar al Señor como mi salvador, ¡pensé que el Espíritu Santo era una paloma!

En ORU, me concentré en estudios del Antiguo Testamento con un grado menor en administración de empresas sin fines de lucro. Mi educación incluyó los idiomas bíblicos, y durante el tiempo que permanecí allí fui entrenado para estudiar y para enseñar las escrituras con respeto, con un sentido de responsabilidad y con plena conciencia de la vocación. Las semillas para mi llamado evangelizador y pastoral fueron plantadas durante ese tiempo.

El Señor me bendijo con algunos de los mejores instructores del mundo, santos en Cristo, como el Dr. Irving, el Dr. Shelton, la Dra. Iverson, el Dr. Vance, el Dr. Matthew, el Dr. Grizzle, entre otros, quienes me guiaron más allá del aula a un compromiso con el Señor. ¡Estoy agradecido por sus vidas!

El Señor usó la temporada en la universidad para lidiar con mi corazón y para continuar el largo proceso de sanidad interior que había iniciado desde que acepté a Cristo como mi salvador. También sembró las semillas que finalmente germinaron en la creación del programa de instrucción teológica para la iglesia local que conduzco hoy en conjunto con el Instituto Bíblico de dicha institución.

Por supuesto, no sabía lo que me esperaba cuando ingresé a la universidad ni que la temporada duraría siete años. Cuando cometí el error de volver a Grand Rapids después de recibir mi licenciatura, no se abrió ninguna puerta. Parecía que cada vez que oraba, Dios respondía: "estás en el lugar equivocado." Entonces, aprendí una lección valiosa: "Nunca tratar de reproducir temporadas espirituales pasadas." Como Dios ve el final desde el principio (Is. 40: 10), siempre debemos seguir al Espíritu Santo, quien alentará a los llamados al ministerio a prepararse antes del salto hacia la obra (Jos. 1: 8). Sal. 119: 105; Pr. 3: 1-2; 2Ti. 2: 15; 3: 16-17).

Volví a Grand Rapids después de mi primera graduación porque fue allí donde conocí al Espíritu Santo; creí que era el lugar más seguro. Pero esa temporada había terminado en abril de 1994, y como el Dr. Oral Roberts había enseñado, "¡el Espíritu Santo está en el ahora!"

Regresé al campus de ORU antes del semestre de otoño de ese año, listo para asumir el programa de maestría. Siete años y dos títulos profesionales más tarde, apareció una nueva temporada en el horizonte, exactamente como la observé en la visión que narraré, la cual tuve dentro del cuarto de mantenimiento del auditorio Mabee Center.

El Dr. Oral Roberts salió de la habitación y apareció otro ministro conocido. Estaba vestido de blanco, y al entrar, comenzó a levantar los brazos en adoración al suave sonido del himno, "Aleluya." Tras verlo, comencé a hacer lo mismo. Lentamente, como una paloma en vuelo, levanté y bajé los brazos en adoración a Jesús. Luego, el predicador desapareció a la siguiente escena.

En 1994, el Señor usó el famoso libro "Buenos días, Espíritu Santo" para presentarme a la Tercera Persona de la Trinidad. Cuando la Hermana Alfida me lo dio, supe que estaba a punto de obtener las respuestas a mis preguntas. Reconocí el nombre del autor del libro: Benny Hinn, el ministro que vi en televisión cuando me impactaron las ondas sobrenaturales en el apartamento de mi hermano Ben. Pero ¿por qué lo estaba viendo de nuevo, en una visión?

El Espíritu Santo quería mostrarme que después de completar su temporada para mí en ORU, serviría en el ministerio del pastor Benny por un tiempo. Me llevaría por el mundo y abriría el camino al cumplimiento de otro sueño que tuve en Grand Rapids: coordinar una cruzada para ministerios Benny Hinn en mi país.

Cuando el pastor Benny se reunió con el entonces presidente de la República Dominicana y con la primera dama, a quien antes había invitado personalmente en el palacio presidencial, ambos recibieron el mensaje del Evangelio con lágrimas en los ojos. La cruzada dominicana trajo nuevas victorias del Espíritu a la nación, para muchos que recibieron a Cristo como salvador y para los innumerables que fueron sanados sobrenaturalmente.

En la segunda noche del evento masivo de tres días, sin conocer mi experiencia con su libro, el pastor Benny profetizó sobre mi vida frente al abarrotado estadio nacional. Todo lo que dijo ha sucedido. Fui propulsado a las naciones de cuatro continentes durante la siguiente década y ayudé a equipos ministeriales a movilizar a cientos de miles de personas para escuchar el evangelio salvador y sanador de Jesús.

¡En Venezuela, un milagro marcó a otro presidente!

Recuerdo que fui el intérprete designado para la reunión programada entre el pastor Benny y el entonces presidente, Hugo Chávez. Estaba detrás del escenario, dentro de la carpa blanca de reuniones, de pie junto al alto ministro de defensa venezolano, esperando al jefe de estado. A mi izquierda, el pastor Benny estaba sentado en silencio en su silla con su Biblia lista, junto al costoso regalo que el ministerio en los Estados Unidos compró para el entonces presidente.

Después de haberse establecido Casa militar tras la llegada

de los guardias de boina roja, a las 5:00 de la tarde, aterrizó el helicóptero de combate militar ruso del presidente. Parecía que finalmente había llegado el momento que estábamos esperando.

Más de doscientas mil personas se reunieron esa noche para escuchar el Evangelio y muchas recibieron sanidad en los terrenos del gobierno de Caracas. El evento fue desencadenado por una primera reunión exitosa que también ayudé a coordinar en la ciudad de Valencia bajo el auspicio del pastor Javier, de la congregación Maranata. En esa cruzada, una soldado que había quedado paralítica fue curada milagrosamente, y la noticia llegó al presidente. Poco después, el pastor Javier logró abrir las puertas para la cruzada de Caracas con la colaboración de altos militares.

Esa noche asombrosa, sin embargo, el presidente Chávez no llegó, en medio de milagros innegables y de una visita histórica del Espíritu Santo, incluso a su personal militar. Aquellos de nosotros que formamos parte del ministerio reconocimos el significado histórico de ese rechazo.

Como si fuera poco, los miembros de las fuerzas armadas, que hicieron posible esa histórica cruzada y que expresaron sus sueños de un futuro mejor para su nación, fueron humillados por su fe pública en el Señor Jesús.

Más tarde escuché al ministro de defensa decir que el presidente Chávez pudo haber pasado esa noche viendo un partido de béisbol no muy lejos del sitio de nuestra reunión. Por esta razón, no creo que fuera coincidencia que los últimos días, del entonces presidente, estuvieran marcados por una repentina enfermedad terminal.

Antes de morir, un ministro amigo para quien también coordiné eventos evangelizadores, fue llevado a Cuba para orar por él, pero los poderes que lo rodearon en esos últimos momentos de su vida se opusieron. Hay una diferencia entre rechazar el Evangelio y rechazar a Cristo cuando el Espíritu Santo está de visita. El haber dejado plantado al pastor Benny en aquel momento de unción, y, por tal, avergonzar a sus hijos en público, fue un grave error.

Creo con todo mi corazón, sin embargo, que los mejores días de Venezuela aún están por llegar y que los venezolanos tendrán la oportunidad de construir la nación que anhelan. Fue la cruzada de Venezuela, por otro lado, la que abrió la puerta a otro evento masivo que tuve el privilegio de coordinar para el ministerio del pastor Benny, en Porto Alegre, Brasil.

La unción del Espíritu Santo era tan tangible que parecía como si la multitud de casi un cuarto de millón de personas estuviera inmersa en la dimensión del Espíritu. A mitad del primer servicio, recuerdo que mi trabajo consistía en supervisar la colección de las ofrendas. Pero algo sobrenatural comenzó a suceder que transformó mi comprensión.

De repente, el pastor Benny interrumpió la colección guiando a la multitud en una adoración profunda. Mientras lo hacía, vi en el espíritu un manto que ascendía desde la plataforma. Aterrizó intermitentemente en partes de la multitud. Cuando el manto se alzó de nuevo, se manifestaron milagros y se podía escuchar a la gente gritar de gozo. En cada lugar donde descendió el manto, allí, los milagros comenzaron a ocurrir.

Mientras miraba abrumado, el Espíritu Santo me dijo: "los lugares donde el manto está descendiendo son los lugares exactos donde el equipo del ministerio oró antes." Lo recuerdo así, porque también caminé entre la multitud y oré para que la gente recibiera sanidad, temprano, ese mismo día.

¡Alabado sea el Señor!

Entendí esa noche que la sanidad divina pertenece a toda la iglesia, y que hoy en día, Dios ministra donde sus hijos están dispuestos a ir en fe para ser testigos del Evangelio salvador y sanador de Jesús. Dios también cumplió la visión de mi amigo, el pastor Silvio Ribeiro, de tener la primera cruzada con el Pastor Benny en Porto Alegre. La cruzada fue a la vez el cumplimiento de una profecía más antigua.

Estoy muy agradecido de que entre 2005 y 2016, Dios me diera el honor y el privilegio de servir en el ministerio del pastor Benny. Como asistente ejecutivo, coordinador e intérprete, no sólo aprendí sobre el ministerio corporativo y sobre la coordinación global, fue además una temporada en la que mi carácter se formó, a menudo a través de transiciones difíciles, pero el Señor siempre estuvo conmigo.

Finalmente, la noche del 3 de diciembre de 2016, mientras estaba sirviendo la cena al Pastor Benny durante la víspera de su cumpleaños, escuché al Espíritu Santo decirme:

-Tu temporada en Benny Hinn Ministries ha llegado a su fin.

Cuando le pregunté al Señor en oración:

-Señor, ¿qué quieres que haga?

Su respuesta fue clara:

-¡Trabaja para mí!

-¡Es lo que he estado haciendo todos estos años, Señor! - Respondí.

-No. -Dijo. -Has estado trabajando para otros ministerios y ellos son los que te pagan por tus servicios. Quiero que trabajes para mí directamente y Yo voy a proveer para ti.

-¿Cómo puedo hacer eso? -Respondí.

Fue entonces cuando el Espíritu Santo me llevó a la historia de Eliseo y la viuda (2Re. 4: 1-7). Estaba tan absorto en el espíritu a medida que leía, que pude escuchar la voz del Señor de nuevo.

-Busca vasijas (personas) que quieran tu aceite (ministerio) y pídeles que te financien.

En obediencia, renuncié a la corporación. Fue un paso de fe que alguien llamó, "imprudente e irresponsable," pero sabía que había escuchado al Señor. Otras personas vinieron y me inspiraron para ver lo invisible y creer que era posible. Entre ellos, Robert y Elizabeth Dornford, el pastor Joel Grantham, Verónica Macías, Judy Hayes, Tony Magana, Alfredo Corral y muchos otros. Doy gracias a Dios por ellos.

Fue en esa fe que mi esposa y yo comenzamos el ministerio hispano que, sin siquiera recordarlo, comenzó el cumplimiento de la tercera escena de aquella visión dentro del cuarto de mantenimiento del auditorio Mabee Center.

Todavía estaba de rodillas cuando el pastor Benny desapareció de la visión. Luego me vi parado frente a un corredor largo y mal iluminado, a cuyos lados podía ver varias habitaciones vacías. Cuando me llevaron a ver el interior de cada una, noté que había alguien en la última habitación al final del pasillo.

Fijé mi mirada en esa habitación. Al acercarme, vi la figura de un hombre bajo, de pelo blanco, de pie en el centro, vestido con una camisa blanca de mangas cortas. Entonces, el Espíritu me acercó y comencé a reconocer quién estaba parado allí: el famoso evangelista puertorriqueño, Yiye Ávila.

Posiblemente el titán evangelista más poderoso e influyente de la historia Pentecostal hispana del siglo XX, Yiye Ávila fue influenciado por la unción de Oral Roberts y llevó innumerables almas a un verdadero encuentro con Dios, predicando el Evangelio con señales y prodigios.

Conocí su ministerio desde una edad temprana porque mi abuela, la Pastora Esperanza, solía llevarme a sus cruzadas en los estadios dominicanos. Pero también tuve el privilegio de conocerlo en persona antes de su partida al cielo. Brillaba de unción y de impresionante santidad y creo que hoy sigue siendo el icono más imponente del evangelismo Pentecostal latinoamericano de los últimos tiempos.

Todavía puedo recordar su sonrisa y cómo me apretó la mano durante nuestra reunión: "Lo encontraré, si Cristo no viene antes," respondió cuando lo visité en su oficina para invitarlo a reunirse con el Pastor Benny en la iglesia de la famosa Pastora puertorriqueña, la Pastora Wanda Rolón.

Más tarde intenté reunirlo con el Dr. Oral Roberts en California, pero el Señor había planeado que se reunieran en el cielo. Fue su mirada fija y profunda durante la visión, sin embargo, la que se grabó en mi alma para siempre.

Al reflexionar sobre mi visión del corredor oscuro antes de llegar a la última habitación donde se encontraba el Dr. Ávila, comprendí que después de ORU también tendría que atravesar momentos de pesadumbre y de dolores personales que me moldearían aún más. Era el significado de las habitaciones vacías a las que ingresé en la visión.

Mirando hacia atrás, me doy cuenta de que sólo el Espíritu Santo podría haberme sostenido en esos momentos oscuros. Pero la visión ha llegado a buen término. Junto con mi esposa, Mireya, hemos estado completamente comprometidos con el ministerio hispano. Entonces, dos décadas después de esa visión dentro de aquel cuarto de mantenimiento, el Espíritu Santo me volvió a sorprender con otra.

Estaba en mi tiempo habitual de visitar a Dios en el espíritu, cuando de repente vi un destello de luz que luego se convirtió en el rostro del reverendo David Yonggi Cho, el conocido pastor coreano de un millón de miembros. Este se paró frente a mí y, señalándome, gritó: "¡Billy Graham!" Entonces desapareció.

Más tarde, esa mañana, sorprendido por la visión, le comenté a mi esposa y reflexioné. Nunca en mi vida había establecido ninguna conexión con el Dr. Billy Graham o con su ministerio. Más allá del tanto respeto por él y por su legado, nunca lo seguí en absoluto. El miércoles siguiente, durante mis devociones, sentí que el Espíritu Santo me instaba a realizar un ayuno prolongado, algo que comencé inmediatamente. Después, ese mismo día, supe por las noticias que, el Dr. Billy Graham había pasado a la presencia del Señor. ¡Era miércoles, 21 de febrero de 2018!

Otra vez, supe que el Espíritu Santo estaba haciendo algo muy especial.

La graduación al cielo del ministro evangélico más prolífico en la historia de los Estados Unidos significó aun otra nueva temporada para mi vida ministerial. El Señor me estaba llamando a predicar en inglés en los Estados Unidos. De repente, las puertas comenzaron a abrirse sin ningún esfuerzo de mi parte y me encontré ministrando tanto en iglesias denominacionales, como en las independientes, desarrollando relaciones con líderes, con pastores y con empresarios anglosajones. Como si fuera poco, Mireya y yo iniciamos servicios bilingües.

Para el año 2020, teníamos una iglesia intercultural en la que el mayor apoyo económico provenía de personas de habla inglesa. También publiqué mi primer libro para una audiencia americana, y para ese mismo diciembre, había graduado los primeros estudiantes americanos del instituto, en conjunto con la Universidad de Oral Roberts. Entonces, durante la pandemia del virus Corona, el Pastor Ben Gerald, de la iglesia Metodista Congregacional Wesleyana en la ciudad de Bedford, Texas, me llamó:

-Pastor Orlando. -Dijo. -Sé que la mano de Dios está sobre tu vida, y me gustaría saber si estarías interesado en ministrar en nuestra iglesia en el Este de Dallas.

Luego de la reunión, quedamos en orar mutuamente por la dirección de Dios al respecto de tomar la posición. Cuando investigué sobre la iglesia situada en el corazón de Dallas, encontré una foto en internet. En ella aparece una imagen de la iglesia que fue probablemente tomada durante la década de los cincuenta. En la foto en blanco y negro aparece un letrero fuera de la iglesia en el que se lee: "avivamiento." Encima de la foto, hay una nota en inglés que dice:

"Palabras de Billy Graham 'Estamos cansados del estancamiento. '"

Dos años después de la visión que tuve con el reverendo David Cho, cuando lo vi apuntarme con el dedo y decirme, "Billy Graham," una nueva puerta se abrió. La de ministrar en una de las iglesias que durante la década de los cincuenta también avivó esa ciudad.

Han pasado muchos años desde aquel día nevado y frio en Grand Rapids. Nunca me hubiese imaginado el significado que ha tenido hasta hoy, el haber dicho, "Yo También, Espíritu Santo." Usted tampoco se puede imaginar lo que Dios va a hacer en su vida, con su vida y a través de su vida, tras un encuentro personal con la Tercera Persona de Dios. Lo que es seguro, es que Él le llevará al mejor destino que alguien en este mundo le puede dar, a una vida y a un legado que transcenderá su propio tiempo. Todo lo que necesita es un "sótano," un lugar, una invitación ferviente, ¡y verá que el cielo mismo descenderá sobre su vida!

"Respondió Jesús y dijo: De cierto os digo que no hay ninguno que haya dejado casa, o hermanos, o hermanas, o padre, o madre, o mujer, o hijos, o tierras, por causa de mí

y del evangelio, que no reciba cien veces más ahora en este tiempo; casas, hermanos, hermanas, madres, hijos, y tierras, con persecuciones; y en el siglo venidero la vida eterna. Pero muchos primeros serán postreros, y los postreros, primeros" (Mr. 10: 29-31).

De repente Él estaba allí, el Espíritu Santo entró en mi vida y me llevó a la experiencia más extensa y dinámica con Jesús. Fue realmente el Espíritu Santo que entró al sótano para llamarme a Él en esa fría noche en Grand Rapids cuando una ráfaga sobrenatural y suave llenó mi habitación. Y durante los siguientes meses, me sentí abrumado por una experiencia que me dio un nuevo sueño y que cambió mi vida para siempre.

Creo que el Espíritu Santo está aquí ahora mismo, esperando su llamada. Creo que Él está listo para ser revelado en su vida. Él está allí cuando ora, cuando está en la iglesia, cuando medita en el trabajo o en su habitación…¡ahora mismo! Conocerá su voz, discernirá la ráfaga de su viento, conocerá su presencia y Él, le guiará, para que también pueda despertar cada mañana con el sonido del rugido de su voz, diciendo…

¡Yo también, Espíritu Santo!

BIBLIOGRAFÍA

Ambrose of Milán. (1896). Three Books of St. Ambrose on the Holy Spirit H. de Romestin, E. de Romestin & H. T. F. Duckworth, Trans.). In P. Schaff & H. Wace (Eds.), A Select Library of the Nicene and Post-Nicene Fathers of the Christian Church, Second Series, Volume X: St. Ambrose: Select Works and Letters (P. Schaff & H. Wace, Ed.) (128). New York: Christian Literature Company.

A Select Library of the Nicene and Post-Nicene Fathers of the Christian Church, Second Series, Volume VIII: St. Basil: Letters and Select Works (P. Schaff & H. Wace, Ed.) (15). New York: Christian Literature Company.

Augustine of Hippo. (1887). On the Trinity A. W. Haddan, Trans.). In P. Schaff (Ed.), A Select Library of the Nicene and Post-Nicene Fathers of the Christian Church, First Series, Volume III: St. Augustin: On the Holy Trinity, Doctrinal Treatises, Moral Treatises (P. Schaff, Ed.) (73). Buffalo, NY: Christian Literature Company.

Barth, Karl, and Geoffrey William Bromiley. 1975. *The doctrine of the word of God prolegomena to church dogmatics, being volume I*, 1. Edinburgh: T. & T. Clark. Pages 348–9.

Basil of Caesarea. (1895). The Book of Saint Basil on the Spirit B. Jackson, Trans.). In P. Schaff & H. Wace (Eds.),

Benson, C. H. (2004). The one true God: Father, Son, and Holy Spirit. Biblical essentials series (104–106). Wheaton, Ill. : Crossway Books.

Hinn, Benny. (1990). Buenos Dias Espíritu Santo. Editorial Unilit.

Cho, Y. (2005). Spirit and Kingdom in the Writings of Luke and Paul: An attempt to reconcile these concepts (112–113). Milton Keynes: Paternoster.

Duffield, G. P. , & Van Cleave, N. M. (1983). Foundations of Pentecostal theology (29–30). Los Angeles, Calif. : L. I. F. E. Bible College.

Eckman, J. P. (2002). Exploring church history (31). Wheaton, IL: Crossway.

Gregory of Nyssa. (1893). On the Holy Spirit, against the Followers of Macedonius W. Moore, Trans.). In P. Schaff & H. Wace (Eds.), A Select Library of the Nicene and Post-Nicene Fathers of the Christian Church, Second Series, Volume V: Gregory of Nyssa: Dogmatic Treatises, etc. (P. Schaff & H. Wace, Ed.) (315–316). New York: Christian Literature Company.

Gregory Nazianzen. (1894). Select Orations of Saint Gregory Nazianzen C. G. Browne & J. E. Swallow, Trans.). In P. Schaff & H. Wace (Eds.), *A Select Library of the Nicene and Post-Nicene Fathers of the Christian Church, Second Series, Volume VII: S. Cyril of Jerusalem, S. Gregory Nazianzen* (P. Schaff & H. Wace, Ed.) (320). New York: Christian Literature Company.

Gregory Nazianzen, *Orations*, 31. 26.

Guyon, Jeanne. Experiencing the Depths of Jesus Christ, Vol. 2. Jacksonville, FL. Seed Sowers Publishing.

Lloyd-Jones, D. M. (1997). God the Holy Spirit (8). Wheaton, Ill. : Crossways Books.

Pink, A. W. The Holy Spirit. Bellingham, WA: Logos Research Systems.

Ryrie, C. C. (1995). A survey of Bible doctrine. Chicago: Moody Press.

Semeia, 85, 18–19.

Schaff, P. , & Schaff, D. S. (1997). History of the Christian church. Oak Harbor, WA: Logos Research Systems, Inc.

Swete, H. B. (1899). The Apostles' creed: Its relation to primitive Christianity (3d ed.) (31). Cambridge: University press.

Torrey, R. A. (1910). The person and work of the Holy Spirit as revealed in the Scriptures and in personal experience (77). New York; Chicago: Fleming H. Revell.

Torrey, R. A. (1924). The Power of Prayer. Kensington, PA. Whitaker House (2000).

Visite:

www. pastororlando. org, para contactar al Pastor Orlando, o escríbale al pastor Orlando en: pastororlando@pastororlando.org

Made in the USA
Middletown, DE
05 October 2022

11889430R00080